文化中行

"一带一路"国别文化手册

菲律宾

PHILIPPINES

中国银行股份有限公司
社会科学文献出版社　编

社会科学文献出版社
SOCIAL SCIENCES ACADEMIC PRESS (CHINA)

菲律宾
PHILIPPINES

中国驻菲律宾大使馆

(Embassy of the People's Republic of China in the Republic of the Philippines)

地址：4896 Pasay Road，Dasmarinas Village，Makati，Metro Manila，Republic of the Philippines

领事保护热线：0063-2-8482409

网址：http://ph.china-embassy.org

其他领事馆信息见附录二

菲律宾
PHILIPPINES

序

2013年，国家主席习近平在出访中亚和东南亚国家期间，先后提出共建"丝绸之路经济带"和"21世纪海上丝绸之路"的重大倡议，向全世界宣告了亿万中国人民谋求和平发展，与沿线国家和地区共同合作、共建繁荣的美好愿景。"一带一路"战略布局无疑成为当今世界最大的系统性工程，得到国际社会的广泛响应。

道之大者，为国为民。作为中华民族金融业的旗帜，中国银行早已将"为社会谋福利，为国家求富强"的信念植入血脉。在一百多年的发展进程中，不断顺应历史潮流，持续经营、稳健发展，为民族解放、社会进步、国家繁荣做出重要贡献。站在新的历史机遇期，以"担当社会责任"为己任，以"做最好的银行"为目标的中国银行，依托百年发展铸就的品牌价值和全球服务网络，利用海外资金优势，实现全球资源配置，护航"一带一路"战略，不仅具有得天独厚的优势，更是义不容辞的责任。

　　金融业是经贸往来的"发动机"和"导流渠"，是支持"一带一路"建设的中坚力量。中国银行作为国际化、多元化、专业化程度最高的国有股份制商业银行，截至2015年底，已在"一带一路"沿线18个国家设立分支机构，未来，将持续完善全球布局，增加对"一带一路"沿线国家的机构覆盖。可以肯定地讲，中国银行完全有能力承担起国家赋予的责任与使命，为构建"一带一路"金融大动脉做出重要而独特的贡献。

　　"一带一路"建设投资规模大、周期长，涉及众多国家和地区，金融需求跨地区、跨文化差异明显，这对银行业提出了新的挑战。如何跟上国家对外投资的步伐，如何为"走出去"企业铺路搭桥，如何入乡随俗、实现文化融合，成为我行海外发展面临的一系列重要问题。《文化中行——"一带一路"国别文化手册》（以下简称《手册》）正是在这个大背景下应运而生。《手册》从文化角度出发，全面介绍了我行已设和筹设分支机构的"一带一路"沿线国家的政治经济环境、金融发展业态、民俗宗教文化等，为海外机构研究发展策略、规避经营风险、解决文化冲突、融入当地社会提供实用性、前瞻性的指导和依据。对我行实现跨文化管理，服务"走出去"企业，指导海外业务发展，发挥文化影响力，实现集团战略都具有重要的价值。

最好的银行离不开最好的文化。有胸怀、有格局的中行人，以行大道、成大业的气魄，一手拿服务，一手拿文化，奔走在崭新又古老的"丝路"上。我们期待《手册》在承载我行价值理念，共建区域繁荣的道路上占有重要一席，这也正是我们实现文化"走出去"战略的题中应有之义。

2015 年 12 月

目录

CONTENTS

009
第一篇
国情纵览

011
人文地理

017
气候状况

019
文化国情

031
第二篇
政治环境

033
国家体制

035
政治制度

044
行政结构

047
外交关系

057
第三篇
经济状况

059
能源资源

063
基础设施

067
国民经济

076
产业发展

081
金融体系

089

第四篇
双边关系

091

双边政治关系

094

双边经济关系

103

附 录

105

世界银行·营商环境指数

110

其他领事馆信息

111

跋

113

后 记

菲律宾
PHILIPPINES

第一篇
国情纵览

菲律宾
PHILIPPINES

一 人文地理

1 国土概述

菲律宾共和国（简称菲律宾）位于亚洲东南部，东临太平洋，西濒南中国海，北隔巴士海峡与中国台湾遥遥相对，南面、西南面与印度尼西亚、马来西亚隔苏拉威西海、苏禄海、巴拉巴克海峡相望，是亚洲、澳大利亚及东亚、东南亚之间的交通要道，地理位置十分重要。菲律宾的名字来自西班牙语，根据16世纪西班牙王子菲利普（Filipe）的名字命名。

菲律宾素有"千岛之国"之称，全国由7107个大小岛屿组成，总面积29.97万平方公里，南北长1851公里，东西宽1107公里，海岸线总长达18533公里，吕宋岛等11个主要岛屿占全国总面积的96%。菲律宾群岛地形以山地为主，占总面积的3/4以上，且海拔多在2000米以上。菲律宾水资源丰富，河流大多源短流急，不能航行。

吕宋岛面积10.47万平方公里，约占国土总面积的35%，分为北、中、南三段。北部两大山脉之间有卡加延（Cagayan）平原，是著名的烟草产地。中部是中央平原；南部是广阔的高原，因此在行政上被称为"高山省"。首都马尼拉（Manila）位于吕宋岛西海岸，马尼拉港是全国最大的港口。

棉兰老岛面积9.46万平方公里，约占全国总面积的32%。陆上多火山分布，海岸多珊瑚礁附着。棉兰老岛中北部是兰老

（Lanao）和武经伦（Bukidnon）火山高原，兰老高原与狄瓦塔山脉间是阿古桑（Augusan）谷地，是河流入海口，农业比较发达，建有海港城市哥达巴托（Cotobato）。

巴拉望岛位于班乃岛的西南面，地形狭长。民都洛（Mindoro）岛位于吕宋岛和米沙鄢群岛之间的主要海上交通线上，但该地区经济尚未充分开发，基础设施落后。苏禄群岛从东北向西南排列，其首府霍洛岛为当地重镇。其他6个较大的岛屿主要集中在地处全国中心地带的米沙鄢群岛上。除此之外，其余的岛屿都是些面积狭小、荒无人烟的小岛，甚至是刚刚露出水面的礁石和珊瑚礁。

菲律宾地理位置

2 历史国情

菲律宾群岛上原无人类居住，现在的菲律宾各民族都是从境外迁入的移民后裔。14世纪前后形成苏禄等割据五国，1565年被西班牙殖民者侵占。1898年6月12日，菲律宾宣告独立，成立菲律宾共和国。同年，美国依据对西班牙战争后签订的《巴黎条约》占领菲律宾。1942年，菲律宾被日本占领。第二次世界大战结束后，菲律宾再次沦为美国殖民地。

1946年7月4日，美国同意菲律宾独立。独立后的十几年中，美国紧紧控制着菲律宾的经济命脉，并且拥有干涉菲律宾的种种特权。美国还竭力在军事上保持对菲律宾的控制，把菲律宾变成它在亚洲和东南亚地区的战略基地。

菲律宾在独立后最初的26年内，实行的完全是美国式的政治制度：实行的是美国人主持制定的宪法、美国式的两党制度、定期的议会和总统选举等，有"东方的民主橱窗"之称。建国初期的菲律宾前六届总统都是经过选举程序产生的。第六任总统马科斯在推进菲律宾经济快速发展的同时，实行了近二十年的独裁统治，直到1985年被赶下台，菲律宾才进入现代发展的轨道。

1986年2月7日，菲律宾提前举行总统选举，贝尼尼奥·阿基诺的夫人科拉松·阿基诺在民众、天主教会和军队的支持下出任总统。科拉松·阿基诺执政期间，菲律宾国内政局一直不稳，发生过7次未遂政变。此后，拉莫斯和埃斯特拉达先后按宪制当选总统。20世纪90年代拉莫斯任总统期间，通过解除外汇管制、吸引外资、协调政府的能源政策，发展电力，建立出口导向工业区，全面开发具有竞争力的出口产品，实现了政局稳定、经济腾飞。

埃斯特拉达上台后，菲律宾政局失去稳定，社会治安严重恶化。各种反政府武装和民族分裂势力抬头，成为阻碍菲律宾发展的破坏力量。自1997年以来，菲律宾共发生了200多起绑架案件，其中大多数是针对上层企业家尤其是华人富商的，在很大程度上影响了经济发展。2001年1月，埃斯特拉达因受贿丑闻被迫下台，副总统阿罗约继任总统，采取了一系列具体措施稳定国内局势，发展经济，恢复与菲共及伊斯兰反政府组织的和谈，缓和双方关系。阿罗约执政期间经济没有起色，由于物价高、薪水低以及治安不好，人民生活水平依然较低，一部分人甚至在贫困线下挣扎。

2010年6月，自由党候选人阿基诺三世就任菲律宾第15届总统。民族分裂势力和反政府武装仍是菲律宾需要解决的头等大事。2014年1月26日，菲律宾政府和该国最大的反政府武装"摩洛伊斯兰解放阵线"（简称"摩伊"）的谈判代表终于达成了和平框架协议最后一个附件"正常化"协议，从而使菲律宾南部棉兰老地区露出一线和平曙光。根据双方商定的议事日程，一个由双方代表组成的工作组着手起草《邦萨摩洛基本法》，随后同框架协议及其四个附件一起交由国会审议。

特别提示

★ 菲律宾是典型的"黄皮白芯"的亚洲国家。美国对菲律宾的统治,在其社会生活各方面留下了美国的烙印,人们的服装、嗜好、宗教、教育、政治和社会风气完全西化。

★ 菲律宾的经济形势与政治格局关联较大,经济政策具有不连续性,总统换届需要关注。

3　人口数量与结构

菲律宾人口出生率一直较高,人口增长率高居亚洲第一位。截至 2014 年 7 月,菲律宾人口已达到 1 亿人,成为世界上第 12 个人口过亿的国家。

目前,菲律宾的人口结构较为年轻,15 周岁以下的少年儿童超过 3000 万人,占总人口的 33.4%;15~60 周岁适龄劳动人口达 5515 万人,占总人口的近 60%。

由于岛屿分隔、地形陡峭以及历史发展等因素,菲律宾的人口分布很不均衡。山间谷地与海岸平原等能耕种、利于农业发展的地区人口稠密,而其高山密林地区则荒无人烟。人口最稠密的地区是大马尼拉和中吕宋。棉兰老、内格罗斯及其他南部岛屿则人口稀少,大部分处于未开发的原始状态。

4 语言文字

菲律宾国内语言纷繁复杂,除英语、西班牙语、汉语等外来语外,全国共有11种语言和87种方言,它们彼此都不相通。在有大量移民的地区,人们在谈话中使用各种方言的混合语,包括宿务语、他加禄语(菲律宾语)、英语和其他方言。

他加禄语为国语,英语为通用语言。西班牙语在菲律宾也较为流行。上层社会人士多数会讲西班牙语。汉语在菲律宾工商界占重要位置。华侨和华裔使用的汉语主要是闽南话。

菲律宾是世界上第三大讲英语的国家。大多数菲律宾人都能理解和传递英语书面和口头指示,与外国人交流可以用英语表达。菲律宾语用于外交护照、国书、城市交通标志、邮票等。

特别提示

★ 菲律宾经济发展地区差异较大,需要重点了解和关注人口稠密、经济发达的吕宋地区。

★ 菲律宾有庞大的年轻人口,意味着巨大的发展潜力,未来十年,菲律宾将是世界上经济增长最迅猛的国家之一。

二 气候状况

1 气候条件

菲律宾属热带海洋性气候，高温多雨，湿度大。每年 5~10 月为雨季，11 月到次年 4 月为旱季，年均气温 27℃，南北温差不大。

2 常见自然灾害

自然灾害较多，常遭台风、地震、暴雨和泥石流等袭击，其中 6~11 月为台风多发季，尤其是 8~9 月最多。菲律宾每年平均有台风 20 多次。台风发源于东面太平洋上的加罗林群岛和马绍尔群岛一带，向西移动经过菲律宾中部和北部地区，南部棉兰老岛则很少受到台风袭击。

菲律宾群岛处于环太平洋的地震带上，在地质构造上属于不安全地带，火山众多、地震频繁。菲律宾共有 50 多座火山，其中有 10 多座活火山，相当活跃。南部的火山活动尤其激烈。棉兰老岛的南方是东南亚最不稳定的中心摩鹿加群岛（今印度尼西亚马鲁古），越往南地震越剧烈。历史上的多次地震都给人民的生命财产造成严重损失。

3 主要环境污染

菲律宾的主要环境污染问题是水污染,主要集中在首都马尼拉地区。

特别提示

★ 在菲律宾要掌握一些地震防护的知识。

三　文化国情

1　民族

菲律宾民族众多，有 90 多个民族。主体民族为马来族系，占全国人口的 85% 以上，包括他加禄人、伊洛戈人、邦班牙人、比萨扬人（米沙鄢人）和比科尔人等，大多居住在平原地区，在国家政治、经济和文化生活中占据主导地位。在吕宋岛的北部和南部、民都洛岛的东部、棉兰老岛等地的山区，还居住着 50 多种少数民族，各民族人口从 30 万到 180 万人不等，占全国总人口的 8%，包括帮加锡南人、卡加扬人、伊富高人、马拉瑙人、阿埃塔人等。此外，还有华人（占 10%）、印度人（占 5%）、阿拉伯人（占 2%）、欧美人（占 3%）以及为数不多的原住民。

比萨扬人（Iisayang，也称"米沙鄢人"Visayans）是菲律宾最大的民族，人口为 2640 万人，主要分布在米沙鄢群岛、民都洛岛南部沿海、巴拉望岛北部、棉兰老岛东部和北部沿海；使用比萨扬语；有用拉丁字母拼写的文字，文化水平较高；信仰天主教，但仍保留有万物有灵信仰。比萨扬人主要从事农业生产，种植水稻、玉米、椰子、烟草等。畜牧业在经济中占重要地位。比萨扬人还从事食品、采矿、纺织、冶炼、汽车装配等工业，擅长传统手工业，其竹编、草编、藤编和刺绣水平很高，他们编织的各种凉席驰名世界，可做垫子、窗帘、地毯等，商业很发达。

他加禄人（Togalogs）是菲律宾第二大民族，人口约1230万人，主要居住在吕宋岛的中、南部，马尼拉市及其周围地带为聚居区，部分住在民都洛岛、马斯巴特岛和马林杜克岛；使用他加禄语；使用由拉丁字母组成的文字；80%以上的人信仰天主教。他加禄人是菲律宾各民族中经济、文化最发达的民族，在国内政治、经济和文化上一直处于优势地位：政府把他加禄语定为国语；生活在城市里的他加禄人大多经商或在政府机关工作，许多人在政府里担任领导职务。大部分他加禄人生活在农村，种植水稻、玉米等粮食作物，栽种香蕉、椰子、芒果、咖啡等树种并种植各种蔬菜、蕉麻、甘蔗、烟草等。

伊洛戈人（Ilocanos）是菲律宾第三大民族，人口为690万人，主要分布在吕宋岛西北部沿海地区，后来逐渐移向卡加延河谷地及棉兰老等其他岛屿的沿海地区；属蒙古人种马来型；使用伊洛戈语，有文字。多数伊洛戈人信奉菲律宾独有的教派——阿格里佩教，部分人信仰天主教，还有少部分人保持着万物有灵的原始宗教信仰。伊洛戈人是1000多年前迁入的新马来人的后裔，历史上受中国文化的影响，近代以来则受西班牙和美国文化的影响较多。他们主要从事灌溉农业，种植水稻、玉米、烟草、甘蔗和薯类；是菲律宾群岛上第一个引种棉花的民族。伊洛戈人还饲养水牛、猪、鸡；沿海地区渔业较发达。他们的手工业主要有制陶、织毯、金属加工等，生产的棉制品行销全国，特别是棉毯、毛巾远近闻名；手工艺品中尤其以贝壳和黑檀木制品最富有民族特色，畅销国内外。

原始状态的菲律宾土著
图片提供：达志影像

比科尔人（Bicolanos）是菲律宾第四大民族，人口约400万人，分布在吕宋岛东南部近海地区、比科尔半岛以及卡坦端内斯岛、马斯巴特岛上；使用比科尔语；有本民族的文字。比科尔人与他加禄人关系密切，接触频繁，在文化上有许多共同点，多信仰天主教。比科尔人以农业为主，主要种植水稻、番薯、豆类、可可、蕉麻等。

除了上述四大民族外，菲律宾的其他民族一律被认为是文化上的少数民族，不到总人口的10%，分布于各地的高山、森林和滨海地带。由于大多少数民族生活简单，经济落后，菲律宾政府设有专门机构对少数民族进行管理，并发展当地经济和教育、吸收当地官员进入议会等，以缩小他们与主体民族的差异。但一些少数民族仍与政府有很大隔阂，并时常发生冲突和流血事件。

"摩洛"的含义是"信仰伊斯兰教的摩尔人"。摩洛人是一个信奉伊斯兰教的民族集团，包括许多民族，现共有 400 多万人，分布在棉兰老岛西部和西南部、苏禄群岛和巴拉望岛南部。他们由 15～16 世纪接受伊斯兰教的当地居民和来自印度尼西亚、马来西亚的马来人混合而成；使用多种语言，属南岛语系印度尼西亚语族；使用由阿拉伯字母组成的文字。

2 宗教文化

菲律宾是一个多种宗教的国家，主要有基督教、伊斯兰教、佛教和本土的原始宗教等。菲律宾的基督教徒有 9000 多万人，占全国总人口的 90% 以上，其中又以罗马天主教派人数最多，占全国总人口的 84%，故有"亚洲唯一的天主教国家"之称；信奉新教的约占 9%，此外还有极少数人信奉菲律宾的独立教——阿格里佩教。少数民族宗教中最重要的是伊斯兰教，穆斯林约占总人口的 5%，佛教徒和泛神论者各占 3%，华人多信奉佛教，山区民众多信原始宗教。

（1）基督教

基督教在菲律宾的影响表现在生活的各个方面。菲律宾人一出生就要进行圣洗，结婚要在教堂举行仪式，死后要在基督教的公共墓地举行葬礼。在政府、军队、医院、商业大楼等重要部门的建筑上，都插有基督教旗帜，定期举行宗教仪式，重要的政治场合和国际会议也要由神职人员说教布道。街头传教布道的集会随处可见，听众云集。电台、电视台也要定期播放布道节目。天主教会在菲律宾的政治和社会生活中仍具有很大的影响力，特别是在爆发一些具有激烈争议的政治问题和出现社会动荡时，天主教会的立场往往能够决定事情的走向。

菲律宾共划分为 90 个教区。全国性的组织有天主教主教会议、大修道院院长联合会，前者是菲律宾教会的最高权力机构。

基督教在菲律宾华侨华人中也有一定影响，教徒约 10 万人，其中天主教徒约 9 万人，神父约 80 人；新教徒不到 1 万人。

（2）伊斯兰教

菲律宾的伊斯兰教是在 15 世纪由阿拉伯人传入的。菲律宾伊斯兰教徒势力较弱，仅占全国人口的 5% 左右，多属于逊尼派，主要分布在南方各省的少数民族地区，教规与马来西亚的相近。菲律宾的穆斯林相互联系并不密切，各民族除了语言和社会的政治结构不同外，对伊斯兰教的信仰程度也不尽相同。

菲律宾的穆斯林在信仰中也吸收了一些当地的元素，并不重视宗教祈祷，在拉马丹月（穆斯林新年的第九个月）也不进行严格的斋戒（白天不能进食）。但他们对伊斯兰基本教义很尊崇，对一些宗教节日也十分看重。

（3）佛教

菲律宾现在的佛教与古代无关，是由华侨从中国带来的。信徒主要是华人华侨，总人数约 5 万人。主要分布在马尼拉、宿务、三宝颜等地。长期以来，经过几代人的努力，他们建立了许多佛教团体，修建了 30 多座寺庙，创建了多所学校和多种刊物等。他们还积极参与佛教界活动，热心慈善和公益事业。

（4）原始宗教

原始宗教是当地居民的一种图腾信仰。他们相信万物有灵，把大自然作为崇拜偶像，崇拜鳄鱼和鸟类，把一种鸟称为神鸟，奉为伟大的全能创造之神。他们相信人的灵魂不死，祭拜祖先，一般用木头、石头甚至金银制成祖先偶像，称"阿尼托斯"，供奉于家中。祭祀时杀鸡宰猪、奉祀祖宗，然后举行宴会，唱歌饮酒。各民族还崇拜其部落神。原始宗教在广大农民中影响很深，目前在山区的少数民族中仍有10多万人信仰原始宗教。

特别提示

★ 菲律宾民族众多，他加禄人等四大民族是菲律宾的主体。他们与外界接触最多，要充分了解和尊重这几个民族的风俗习惯。

★ 与菲律宾人打交道，需要具备一定的基督教知识。

3　风俗禁忌

（1）性格礼节

菲律宾人性格开朗，热情友善。有文化的人演讲时风趣生动，富有魅力。中下层男子常在一起相互开玩笑，讲话表情丰富夸张。菲律宾人多数懂英语，容易交往，而且喜形于色，喜欢同情弱者、打抱不平。但他们自尊心非常强，对外人的言行举止非常敏感，与其交往时如一言不发或表情严肃，他们会认为你对他们有看法或不怀好意。

菲律宾人非常讲礼节，在社交场合，男女都以握手为礼。生人初次见面时要介绍自己的姓名、任职单位；与熟人或亲朋好友见面时，一般比较随便，常以拍肩表示亲热。穆斯林见面施双手握手礼。一些原始部落的人与客人见面时，握过手就转身向后走几步，意思是身后没有藏刀，以表示自己的真诚。

与菲律宾人交谈，应以婚姻、家庭、职业、烹饪等日常话题为主，避免谈论国内纷争、天主教会和政治人物，不要嘲笑某个政治人物或家庭。

菲律宾人重视人际关系，不愿产生摩擦，不轻易说"不"。因此对他们答应的事情不可过分相信，一定要通过核实进行确定。

在城市中上层人士间流行"女士优先"风气，男子无论做什么事，习惯给予女士特殊关照。

菲律宾人非常好客，如果有人请你去家中做客，不一定要准时到达，一般要比约定的时间晚十几分钟到达。拜访菲律宾朋友，可以适当地送些礼物或一束鲜花，这将被视为高雅而有礼貌的举动。如果回去后再给主人寄去一封感谢信，会更加赢得主人的欢心。

许多家庭有进门脱鞋的习惯，客人要注意随主人的习惯脱鞋。菲律宾人非常尊重长辈，进门后遇到他们的亲属或长辈，要进行问候并与其交谈。年轻男子与长辈见面时，要吻其手背，以表示对老人的尊敬；年轻姑娘见长辈时，要吻其两颊。

菲律宾人待客很实在，不论客人登门拜访有何目的，主人都会很有礼貌地接待，送上饮料、水果、槟榔等招待客人。交谈中，主人会诚恳地询问客人有什么困难或需要帮助的事情。临近开饭时会再三挽留客人吃饭，而且会把家中最好的东西拿出来让客人享用。

菲律宾人笃信宗教，基督教徒家家户户都挂着耶稣的画像。教堂整天人满为患，人们还定期组织夜间宗教游行活动，虔诚得几乎发狂。在庆祝会、纪念集会或公司成立仪式开始前，往往也要肃立，洗耳恭听神父布道说教。星期日早上，几家电视台都要安排固定时间播放神父的布道说教。摩洛人每天向真主祷告，生活方式类似阿拉伯人。

菲律宾人忌讳"13"和星期五，认为这是不吉利的数字，在菲律宾凡是遇到13这个数字，都要设法避开。

（2）饮食文化

菲律宾人的饮食习惯深受西班牙、美国和中国饮食习惯的影响，食品种类繁多，味道鲜美，以大米和玉米为主食。副食主要是鸡肉和猪肉，或焖或炸，炒菜不多。

城市中上层人士大多吃西餐，惯用刀叉。菲律宾人对中餐也很感兴趣。具有代表性的菜肴有咖喱鸡肉、烤乳猪、烤猪腿、香蕉心炒牛肚、肉类炖蒜和虾子煮汤等。烹调中常用香醋、糖、辣椒等调味品。近代菲律宾人由于长期受西班牙人烹调方法的影响，菜肴中的辣味都不浓，但炒番木瓜、洋葱和蔬菜时爱加胡椒。菲律宾人非常爱吃的国菜叫"阿多波"，是把加了辣椒烹制的猪肉或鸡肉（有时也用鱼肉）混合在一起，加上醋、大蒜和油，最后还要加上浓浓的番茄酱。

菲律宾海产品很丰富，海鲜是常见菜肴，烧烤方式最受欢迎。烧鱼时经常用一种酱油和小柠檬混合制成的调料，所有的调料中都有醋。

菲律宾人爱喝啤酒、咖啡、茶。由于受西班牙生活方式影响，喝下午茶成为菲律宾人很重视的一种生活习惯。

穆斯林的主食是大米，有时也吃玉米和薯粉，佐以蔬菜和水果等。按照伊斯兰教规不吃猪肉，不喝烈性酒和牛奶。他们与其他马来人一样喜欢吃鱼，烹调很简单，喜欢使用刺激性的调味品，进食时用手抓。只有伊玛目（神职人员）宰的牛才可以食用，非节日和喜庆日很少吃到肉食，有咀嚼槟榔的习惯。

4　重要节日

（1）法定节日

1月1日是新年。1月的第三个周末是"宪法日"。3月15日后的第一个星期日是"圣周节"，这是宗教节日中除圣诞节以外最具特色的重要的天主教节日。4月9日是"巴丹日"。5月1日是"国际劳动节"。5月最后一个星期日是"五月花节"。在首都马尼拉这一节日庆典最为壮观。在吕宋岛的一些村庄，人们还以精彩的赛牛仪式来庆祝"五月花节"。6月12日是"独立日"，也是国庆节，纪念1898年这一天菲律宾推翻西班牙殖民统治宣告独立。8月28日是"国家英雄日"，举国欢庆，纪念1896年8月的这一天菲律宾人民在巴林塔瓦克举行起义，拉开了反抗西班牙殖民统治斗争的序幕。11月1日是"万圣节"

（万灵节，华人称亡人节，即西方的鬼节）。11月28日是"英雄节"，也叫"伯尼法西奥日"（Bonifacio Day），是为了纪念民族英雄伯尼法西奥而设立的。12月25日是"圣诞节"，是一年中最隆重的节日，从12月16日早上做弥撒开始，一直到次年的1月6日才结束。12月30日是"英雄节"，是纪念菲律宾著名的民族英雄、文学家、诗人、思想家何塞·黎刹（Jose Rizai）殉难的日子。

（2）民间节日

农历一月初一是春节，这一中国的传统节日被居住在菲律宾各地的华侨、华人一直保留下来，他们的庆贺习惯与中国大

富有民族风情的节日
图片提供：达志影像

体相同，要阖家团聚、吃年夜饭，初一家人、亲戚和邻居相互拜年等。

每年1月的最后一个星期日，马尼拉市都要举行盛大的"耶稣圣婴节"，当天有多尊圣婴像被装载在以鲜花和蜡烛装饰的马车上，浩浩荡荡地游行。

5月18~23日是"血盟节"。"血盟"又称"桑杜古"，意思是结拜为兄弟，以纪念古代到当地通商的中国商人与本地芒扬族首领"歃血为盟"的事情。现在这一节日是由当地省、市政府和菲律宾华人社团联合举办的。

特别提示

★ 不要与菲律宾人讨论信仰问题。

★ 尽量不要到菲律宾人家里做客。

★ 菲律宾饮食中蔬菜品种较少。

菲律宾
PHILIPPINES

第二篇
政治环境

菲律宾
PHILIPPINES

一 国家体制

1 国体、元首及国家标识

国体

菲律宾实行三权分立的总统制。总统既是国家元首也是政府首脑，根据宪法掌握着国家的权力，总统之下设立若干政府部门，共同组成中央政府。但总统行使权力要受到国会的制约。菲律宾的议会（国会）由参议院和众议院组成。宪法规定议会有立法和监督政府的权力，政府由议会产生并对议会负责。司法机构包括最高法院和各级地方法院。

元首

总统是国家元首、政府首脑兼武装部队总司令，由选民直

现任菲律宾总统阿基诺三世
图片提供：达志影像

接选举产生，任期 6 年，不得连选连任。目前总统是阿基诺三世（于 2010 年就任）。

国家标识

菲律宾国徽　　　　　　　　菲律宾国旗

2　宪法

现行宪法于 1987 年 2 月 2 日由全民投票通过，于同年 2 月 11 日宣布生效。该宪法规定：实行行政、立法、司法三权分立政体；总统拥有行政权，由选民直接选举产生，任期 6 年，不得连选连任；总统无权实施戒严法，无权解散国会，不得任意拘捕反对派；禁止军人干预政治；保障人权，取缔个人独裁统治；进行土地改革。

二 政治制度

1 政体

依据现行宪法,菲律宾实行总统制,行政、立法与司法三权分立,又相互制衡。国家行政权由总统行使,总统、副总统和内阁组成菲律宾共和国中央政府。副总统可连任两届,由选民投票选举产生。总统提名委任各部部长组成内阁(副总统也可被任命为内阁部长)。截至2014年9月,内阁成员32名,副总统为杰乔马·比奈。

议会

菲律宾议会又称国会,是国家最高立法机构,主要功能为制定法律,并享有一些非立法的特殊权力;此外,菲律宾国会还具有为立法进行咨询和调查、对藐视国会行为进行处罚、确定国会议事规则等权力。

菲律宾国会由参、众两院组成。参议院由24名议员组成,由全国直接选举产生,任期6年,每三年改选1/2,可连任两届。众议员实行选区制和比例代表制相结合的选举方式,确保每省至少有1名议员。

众议员任期3年,可连任三届。2013年5月菲律宾举行中期选举,改选半数参议员和全部众议员,产生第十六届国会。众议院由250名议员组成,其中200名由各省、市按人口比例分配,从全国各选区选出;25名由参选获胜政党委派,另外

25名由总统任命。

内阁

总统府是总统官邸和办公处，也是菲律宾中央政府的首脑机关。中央政府的主要职权为：实施宪法和法律；负责国家的内政、外交、国防、经济、文化和社会生活等各方面具体事务；制定和执行有关政策措施；领导政府各部门和各级地方政府的工作；向国会提出议案和立法建议；任免政府官员和工作人员；指挥和控制军队、警察，维护社会秩序和国家安全。内阁设有20多个部级机构。另外，总统国家安全顾问、总统执行秘书、总统发言人、内阁秘书也都是内阁成员。总统执行秘书为文官长，他既掌管总统府的日常事务，同时又是总统在国内事务方面的首席顾问，被戏称为"小总统"。

特别提示

★ 菲律宾政府运行随选举呈明显的周期性。政府换届，政策和导向都会随之"改朝换代"，具有很大的不确定性，是一种不容忽视的风险。

2 政治中心

国家首都区——大马尼拉市（Metro Manila）位于吕宋岛西南部，西濒马尼拉湾，面积636平方公里，人口993.3万，

马尼拉风光
图片提供：达志影像

  分为 13 个区，是菲律宾的政治、文化、经济和工业中心，也是亚洲最大的城市之一，被称为"亚洲的纽约"。1948 年以后，菲律宾迁都至奎松市。1976 年马尼拉、奎松等被合并为大马尼拉市。

  马尼拉风光秀丽，市区位于帕西格河两岸，河上有 10 多座桥梁连接两岸。河北边是商业、金融和工业区；南边是行政区和住宅区，也是旅游区，有国会大厦、政府各部、各国使馆、大学等。只有总统府马拉卡南宫（Malacanang）在河北岸。河口北岸有一个街区"王彬街"，是马尼拉的商业中心之一。

  马尼拉集中了全国三分之一的企业、一半的制造业。工业以轻工业为主，主要有纺织、榨油、碾米、制糖、烟草加工、冶金等工业，产值占全国总产值的 60%。马卡蒂集中了国内外的主要大银行、大公司，成为马尼拉的商业中心和金融中心，享有"小曼哈顿"之称。马尼拉有众多的文化设施：全国 20 多所大学中，有 11 所在马尼拉，包括菲律宾大学、圣托马斯大学和远东大学等。马尼拉湾距市区 55.56 公里，海岸长 8.33 公里，是一个天然良港，现代设施齐全，全国出口货物的三分之一和进口货物的五分之四集中在这里。

3 主要政党

菲律宾是亚洲最早实行政党政治的国家，早在 1900 年就出现了第一个政党。1986 年后菲律宾政党政治空前活跃，政党为数众多。菲律宾政党制虽然移植自美国，其运作却与美国不大相同。在菲律宾，很多政党都没有自己统一的章程、明确的政治纲领和意识形态，组织极为松散，党内派系斗争激烈，分裂频繁。菲律宾的政党实际上是一些实力雄厚的大家族财阀的联盟，党在全国的网络主要是通过错综复杂的主从关系形成的，控制能力决定于该党由上到下逐级施予恩惠的能力。政治精英们的精力主要放在大选前如何上台和大选后如何为小集团攫取利益方面，一些人为了争夺党的候选人职位频繁跳槽，党的领导人因与其他领导人争权夺利，或为争当本党的总统候选人而转党的现象更是屡见不鲜。

菲律宾全国现有政党达 100 多个，大多为地方性小政党，较大的政党主要有自由党、基督教穆斯林民主力量党、民族主义人民联盟、全国团结党、国民党、民众力量党。根据2013年中期选举结果，自由党为国会第一大党，民族主义人民联盟得票第二，全国团结党第三。

自由党（Liberal Party）

执政党，是菲律宾最老的政党之一，成立于1946年，一度是菲律宾最大的政党，独立后多次执政。2010年总统大选，推选阿基诺三世当选菲律宾第15任总统。现任党主席是阿基诺总统，总裁是内政部长罗哈斯。

基督教穆斯林民主力量党（LAKAS-CMD）

系前总统拉莫斯于1991年底创立，由人民力量党、全国基督教民主联盟、菲律宾穆斯林民主联盟、团结党等整合而成。主张实行两党制，通过修宪扩大地方政府权力，改革选举制度，将总统任期由六年修改为四年，可连任两届；主张通过谈判实现民族和解，促进社会稳定。经济上重视农业发展，增加就业，扶助贫困，加快私有化进程；倡导经济外交，奉行开放政策。

民族主义人民联盟（NPC—Nationalist People's Coalition）

该党是菲律宾工商界大亨爱德华多·丹丁·科胡昂戈（Eduardo Cojuangco，许焕戈）在1992年竞选总统时成立的政党联盟。民族主义人民联盟是执政党还是反对党很难分得清楚。由于它的政策比较灵活，再加上实力比较雄厚，因此成为执政党争取拉拢的对象，它总是在关键时刻同执政党联盟结成合作伙伴。

4　主要政治压力团体

菲律宾工会大会,成立于1975年,是菲律宾最大的工会组织,会员约125万人。工会主张通过议会道路改变社会现状,反对在群众运动中使用暴力手段。

全国工人反贫困联盟,1984年成立,成员为工人、学生、教师、城市贫民、自由职业者和宗教人士。

菲律宾工人团体,1981年3月成立。由一些不属于菲律宾工会大会的工会组织组成,会员50万人。

菲律宾工人联盟,1975年5月成立,由9个独立工会及一些工人小组联合组成。到1978年1月,参加该联盟的工会已增加到130个,成员有8万人。主张提高工人工资,降低失业率。

菲律宾青年公民大会,1975年4月成立,全国15~21岁的青年都是其成员,有会员390万人。该组织的各种活动都得到政府的支持和赞助。

菲律宾全国妇女俱乐部联合会,成立于1921年,有妇女俱乐部1235个,会员35万人。该联合会自称是非政治性、非宗派性的民间组织,以促进妇女间的相互了解与合作、提高妇女儿童的自身福利为宗旨。

农民自由团体组织,1964年成立,有会员数万人。它主张全面实施菲律宾政府的《土地改革法》,加强农民团结,改良土地,保卫民权,协助政府与其他农民组织合作,从而实现民族团结。

5　反政府势力

菲律宾共产党（Communist Party of the Philippines）

成立于 1930 年 11 月 7 日，1942 年 3 月创建武装组织人民抗日军，开展抗日武装斗争。抗战后被美国殖民统治者强行缴械遣散。1948 年 11 月宣布成立人民解放军，力量得到增强。20 世纪 50 年代初期，菲共在城市的中央领导机构被破坏，武装斗争受到重大挫折。菲共领导主张走议会道路，解散武装部队，此后菲共基本处于停滞状态。1967 年菲共分裂成两派。1968 年，在何塞·西逊（Jose Sison）主持下进行改组重建，主张通过武装斗争和建立统一战线，夺取国家政权。1969 年，菲共在中吕宋建立新人民军，开展武装斗争，也潜入城市开展暗杀活动，目标主要是贪官、军警和拒绝交纳"革命税"的商人。菲律宾政府自 1993 年起与菲共领导的全国民主阵线举行和谈。双方时谈时战，迄今未达成实质性和平协议。"9·11 事件"后，菲律宾政府将新人民军宣布为恐怖组织，并促使美国和欧盟也将新人民军列为国际恐怖组织。

摩洛民族解放阵线（Moro National Liberation Front, 简称"摩解"）

摩洛民族解放阵线，南部穆斯林武装组织。1968 年创立，创始人是菲律宾大学教授努尔·密苏阿里（Nur Misuari）和哈希姆·萨拉玛特（Hashim Salamat）。其目标是开展武装斗争，建立摩洛民族共和国。他们的活动得到阿拉伯国家，尤其是利比亚等国的大力支持，获得了大量的资金和后勤援助，并使其以观察员身份参加了许多国际论坛。1977年,"摩解"分裂成三派,其中两派主张在棉兰老地区实行自治。以萨拉玛特等为代表的激进派建立了"摩洛伊斯兰解放阵线"(简称"摩伊"),继续与政府进行武装对抗,谋求建立独立的伊斯兰国家。1987年南部各省举行公投,建立由棉兰老岛四省组成的"棉兰老穆斯林自治区",密苏阿里任主席。1996年,政府与"摩解"达成和平协议。2007年2月,阿罗约总统下令执行与"摩解"的和平协议条款,希望通过和平、发展、多种信仰对话及国际合作实现与"摩解"的最终和解,解决菲南部冲突。阿基诺总统就任后基本延续这一政策。

摩洛伊斯兰解放阵线(Moro Islamic Liberation Front,简称"摩伊")

"摩伊"是目前菲律宾最大的穆斯林反政府武装组织。其政治目标是在菲南部建立独立的伊斯兰国家,以伊斯兰法规范人们的生活,并试图通过发动"圣战"来实现这一目标,"摩伊"主要活跃在棉兰老岛,武器较多,采取游击战术,攻击目标是政府军事人员,但偶尔也会使用恐怖手段。针对对象一般是天主教社区、政府官员和警察等。该组织与国际穆斯林极端势力建立了联系,获得过来自中东和南亚的外国组织在资金、技术等方面的支持。与此同时,该组织与政府的谈判也在继续。1978年,由以哈希姆·萨拉玛特为首的激进派从"摩解"脱离后建立。2003年萨拉玛特去世后,穆拉特(Al Haj Ebrahim Murad)任主席。主张建立独立的伊斯兰国家,坚持武装斗争。"摩伊"与政府虽多次签署停火协议,但均未能得到有效执行。在马来西亚协调下,双方进行多轮谈判,取得了一定进展。阿基诺总统主张同南部"摩洛伊斯兰解放阵线"等分离组织进行全面和谈,推动外国斡旋调停,促进国家团结和民族和解。2012年10月,菲政府同"摩伊"达成和平框架协议,2014年3月正式签署。

阿布沙耶夫

1989年,一部分伊斯兰军事分子从塔布莱中分裂出来,成立了游击队指挥自由战士组织(MCFF)。1993年,该组织改名为阿布沙耶夫(Abu Sayyaf,意为"持剑的勇士")。阿布沙耶夫是更为狂妄的宗教极端组织,它不仅要建立独立的伊斯兰教国家,还主张排斥一切宗教。阿布沙耶夫的活动范围主要在三宝颜、巴西兰和苏禄。阿布沙耶夫与国际恐怖组织"基地"相勾结,其成员许多在阿富汗和巴基斯坦接受训练。目前该组织已沦为臭名昭著的绑架犯罪集团,他们多次在旅游点、教堂、公共汽车上制造爆炸案和绑架人质,造成严重伤亡,严重破坏国内治安,影响菲律宾的旅游业和国际形象。

特别提示

★ 菲律宾的政党形式多变,政治人物也不固定,了解菲律宾的政治走势,需要关注政党背后的家族势力。

★ 菲律宾政局总体稳定,各种反政府势力是菲律宾最大的不稳定因素,他们也会对外国人与外资企业发动袭击,驻菲律宾企业要保持应有的警惕。

三　行政结构

1　国家政府机关行政层级

政府主要部门

外交部、财政部、司法部、农业部、国防部、贸易与工业部、公共工程与公路部、教育文化与体育部、劳工与就业部、社会经济计划部（原国家经济开发署）、卫生部、土改部（原农村改革部）、内务与地方政务部、环境与自然资源部（原来的居民安置和环境管理部、自然资源部）、交通与运输部（原来的交通运输和通信部）、社会福利部（原社会服务与开发部）、科技部、旅游部、能源部。

行政区划

菲律宾由吕宋、米沙鄢、棉兰老三部分组成，设有大马尼拉市、科迪勒拉行政区和棉兰老穆斯林自治区。科迪勒拉行政区和棉兰老穆斯林自治区下设 79 个省和 117 个市。

特别提示

★ 菲律宾政治体制基本照搬美国模式，中央政府与地方政府的关系相对松散，地方政府在执行中央政府的政策过程中有一定的灵活性。中央政府虽然机制健全，法律完善，但各地方执行政策法规的差异较大。有些地方政府控制在家族势力下，执法随意性较大，腐败现象比较严重，驻菲律宾企业主要与地方政府打交道，要注意与地方势力搞好关系。

2　国家法律机关层级及主要法律法规

菲律宾的司法权属最高法院和各级法院。根据宪法规定，最高法院是国家的最高司法机关，拥有最高司法权。下设上诉法院、地方法院和市镇法院，以及反贪污法院、税务法院等专业性法院。菲律宾最高法院和中级法院的法官都不是选举产生的，而是先由司法与律师理事会向总统推荐名单，每个空缺推荐3名候选人，经任职委员会同意后，再由总统从中挑选一人加以任命，每届任期四年。最高法院由1名首席法官和14名陪审法官组成。

最高法院有如下权限：对重大案件、违宪案件、中级法院上诉案件的审理权；对国内法律的解释权，对引起争议的法律、条约、国际和行政协定或总统发布的法令、公告、命令、指示、条例的最终裁决权；对司法部门官员和职员的任命权；对中级法院及其工作者的行政监督权，对中级法院法官的处分权和解职权。最高法院有权监督一切法院及其成员。最高法院有权根据文职官员的有关法律，任命司法部门的官员和职员。最高法院受理的所有案件，必须在24个月内结案。根据宪法规定，最高法院应在每次国会例会开幕后的30天内，向总统和国会提交司法工作的年度报告。

特别提示

★ 菲律宾的法律体系与英美国家一致。商业法规与国际高度接轨。不过，在菲律宾经营，不但要会用法律手段保护自己，还要充分考虑各种腐败因素。

四 外交关系

1 对外关系概况

菲律宾奉行独立的外交政策，主张在平衡、平等、互利、互敬的基础上发展同所有国家的政治经济关系，迄今已同126个国家建交。对外政策目标是：确保国家安全、主权和领土完整；推动经济和社会发展，保持菲律宾在全球的竞争力；保障菲律宾海外公民权益；提升菲律宾国际形象；与各国发展互利关系。菲律宾是美国在东南亚的盟国，重视同美国、中国和日本等大国的关系，积极推动东盟内部合作，发展同伊斯兰国家的友好关系。大力推行经济外交，积极参与国际和地区事务。在中东问题上，菲律宾支持联合国要求以色列撤军的决议，但同时也竭力在以色列和巴勒斯坦之间保持中立。菲律宾支持朝鲜半岛南北和解，菲律宾主张建立以多边主义为基础的国际关系，并积极争取成为伊斯兰会议组织的观察员。近年来菲律宾与中国的经济、军事、能源合作不断深入。

2 与大国的关系

与美国的关系

由于历史原因和美国的地位，菲律宾将美国视为经济、军事、政治上最密切的同盟。两国于1951年签订了共同防御条约和共同防御援助协议。1998年两国签订《访问部队协定》，美军重返菲律宾，两国恢复大规模联合军事演习。"9·11"事件后，两国军事合作明显加强。菲律宾政府全力支持美国的反恐行动，支持美英联军对阿富汗进行军事打击，并向美国提供军事基地、情报和后勤支持，协助美国在东南亚地区打击恐怖主义势力。菲律宾借美国之手打击在菲律宾南部活动猖獗的阿布沙耶夫绑架集团，以及"摩伊"、新人民军等"恐怖组织"。美国帮助训练菲律宾武装部队，提高他们的反恐能力，促进菲律宾军队现代化。菲律宾还以美国为安全后盾，在南中国海主权问题上与中国及一些东盟国家对抗。

2011年11月16日，菲美两国签署旨在加强菲美合作的《马尼拉宣言》和《菲美关于增长伙伴原则的联合声明》。

菲律宾和美国签有"开放天空"协议，美国商业航班可以自由进出菲律宾各地机场搭载乘客而不受任何限制。美国把菲律宾视为美国的"非北约盟国"，菲律宾享有与日本、澳大利亚、以色列、埃及、韩国及阿根廷等国同等的待遇，可优先获得美国的防务物资、购买美国军备，同时也可参与美国的防务研究发展计划，并可在私人银行提供购买军备的贷款时获得美国的担保。

菲律宾是亚洲国家中获得美援最多的国家。美国是菲律宾最大的投资国和贸易伙伴。菲律宾向美国出口占其出口总额的三分之一。美国又是菲律宾最大的出口市场和主要投资国。

与日本的关系

日本是菲律宾除美国之外的另一个战略伙伴。菲律宾是东南亚国家中除泰国、新加坡以外第三个与日本签署这种"伙伴计划"的国家。1956 年 7 月菲日建交，菲日关系一直没有太大进展。20 世纪 60 年代后期，随着日本对东南亚国家的投资和经济援助增多，菲日关系发展较快。1981 年，菲律宾开始与日本实施旨在促进两国技术合作并向第三国提供经济和社会发展帮助的"伙伴计划"，包括派遣专家到发展中国家，训练人员以及开展其他活动，合作领域包括农业、初级教育和保健等。

日本是菲律宾的最大援助国、第二大投资来源地和主要贸易伙伴。20 世纪 80 年代以来，菲日经贸合作发展很快。日本成为继美国之后菲律宾的第二大出口市场。90 年代以来，两国高层来往密切，日本向菲律宾提供了大量的经济、技术援助，在菲律宾增设总领馆等。

近年来，菲日在签订自由贸易协定方面取得突破性进展。日本积极与印尼、新、马、泰等部分东盟老成员国进行双边谈判，并欲以此为基础，最终与包括越、老、柬在内的整个东盟集团达成全面的自由贸易协定。

菲律宾积极支持日本在国际事务中发挥与其经济影响相称的政治作用，支持日本争取联合国常任理事国地位。支持日本建立"亚洲经济共同体"的倡议。两国还积极开展安全合作，尤其是在打击海盗、反恐等方面的合作。

与英、法等欧盟国家的关系

菲律宾在 1964 年与欧共体建立了外交关系，此后双方的经济贸易往来迅速增多。20 世纪 70 年代以来，欧共体与菲律宾的贸易发展很快，科拉松·阿基诺执政时期，提出架设"菲欧之桥"，加强与欧共体的经贸联系。目前，欧盟是菲律宾的第三大贸易伙伴，菲律宾从欧盟进口机器、运输设备、农业机械，向欧盟主要出口椰制品、红木和蕉麻。

欧盟国家对菲律宾的投资中，以英国、德国的资本居多。英国在菲律宾的投资领域主要是石油、化学工业、食品加工和蔗糖加工业。以英国资本为主的壳牌石油公司，早在18世纪就开始在菲律宾石油工业进行投资，19世纪90年代初已经把经营范围从石油勘探、提炼、销售，研究石油代用品扩展到金属加工甚至棉花和谷物种植、养猪等行业。德国在菲律宾的投资主要集中在椰油提炼、煤矿开采和化学工业。英、德还是菲律宾的重要贷款来源国。

20世纪90年代初期，菲律宾以东盟组织成员国的身份在政治上与欧共体的接触增多，在改善南北关系上与欧共体的看法一致。此外，菲律宾还与欧洲国家积极开展防务合作。20世纪90年代美国军队撤出菲律宾后，菲律宾政府开始寻求与法国、意大利、英国等欧洲国家的防务合作。目前菲律宾已与英国建立了情报交流、人员培训、购买武器等领域的合作关系。

与俄罗斯的关系

菲律宾与俄罗斯的经贸、能源合作不断加强。菲律宾与苏联于1976年建立外交关系。冷战结束后，菲律宾重视俄罗斯在本地区的影响和作用，两国的关系总体发展平稳。菲律宾支持俄罗斯加入世界贸易组织。俄罗斯成为菲律宾稳定的石油供应国。

3 与周边国家的关系

与印度尼西亚的关系

由于菲律宾与印度尼西亚同是群岛国家，相距较近，人民多为马来族，属于同一语系，两国的政治、经济关系很密切。但两国间也长期存在走私、偷渡和渔业纠纷等问题。

菲律宾是印度尼西亚的十大贸易伙伴之一，从印度尼西亚进口的主要商品有糖、蜂蜜、植物油、大米和钢板。印度尼西亚对菲律宾的木材业有大量投资。菲律宾企业家对印度尼西亚渔业也有投资。双方在能源领域建有联合企业，以便印度尼西亚把大量的天然气供给菲律宾，菲律宾则向印度尼西亚提供大米等物品。

两国都是东盟的主要国家，在多边问题上相互支持，加强合作，促进东盟的稳定和发展，以使东盟在地区事务和国际论坛上发挥重要作用。

"9·11"事件之后，由于菲律宾和印度尼西亚都存在伊斯兰极端组织，而且两国的恐怖分子经常相互串联，相互协助，共同作案，两国加强了反恐合作。为加强两国在安全、经济、海事等领域的合作，两国通过交换情报，联手打击恐怖主义、海盗及拐卖妇女儿童等跨国犯罪活动，协调办案行动、警察培训及成立反跨国犯罪联合委员会。

菲律宾和印度尼西亚两国的水域界线有的区域尚存在争议，经常发生海上渔民"越界"事件，导致两国相互扣留船只、拘捕渔民，甚至击沉渔船，给两国关系和经济发展带来不利影响。因此两国还多次举行双边军事会议，签署了《联合边界巡逻协议》《引渡协定》等，并经常举行联合海军演习。

与泰国的关系

菲律宾与泰国的关系较好，两国于 1949 年建交，缔结友好条约。1976 年 12 月，双方就成立联合经济委员会和交换能源调查资料达成协议。此后，菲泰签署了多项合作协定：1978 年签署贸易经济合作协定；1979 年 9 月签署农业合作协议；1983 年签署航空条约；2001 年 10 月两国签署引渡条约。

在东盟内部，菲律宾和泰国在许多问题上有共同语言，特别是在对待缅甸民主化问题上，尽管东盟多数国家对缅甸政府推进民主缓慢三缄其口，但菲律宾、泰国都极力敦促东盟对缅甸施加压力。

但在推动建立东盟自由贸易区的内部经济合作中，两国也存在纠纷。泰国是亚洲重要的大米出口国和最大的食糖出口国，菲律宾是泰国重要的大米和食糖市场。菲律宾在糖业进口上采取严重的保护主义政策，将食糖列为受保护的敏感农产品，并推迟将其进口关税由现在的 50% ~ 65% 降为 5% 的期限，使泰国非常不满。

与马来西亚的关系

菲律宾与马来西亚都是东盟主要国家，两国有共同的利益，更有领土争议和移民纠纷，两国的关系时好时坏。

两国在关于沙巴地区的领土主权问题上存在争议，曾因此两次断交，但都在东盟其他国家的劝解下复交。沙巴地区林业和矿产资源丰富，位于婆罗洲北部，现属于马来西亚。20世纪90年代初，随着两国贸易投资关系的迅速发展，沙巴主权问题被搁置。马来西亚曾支持过菲律宾南部的伊斯兰分离主义势力，此外，菲马在南中国海水域还存在"领土主权争端"。1999年6月和8月，菲律宾先后就马来西亚占领南中国海的榆亚暗沙和簸箕礁向马方提出抗议，两国的战斗机因此曾在南中国海上空对峙。

马来西亚劳动力短缺，20世纪80年代初从印度尼西亚、菲律宾等邻国引进了大量劳工，从事建筑、制造、种植、养殖和服务等行业。外来劳工大量进入，为马来西亚的经济发展做出了重要贡献，但也带来了大量社会问题，为遣返外劳，马来西亚多次与菲律宾等国家发生纠纷。

"9·11"事件发生后，菲马积极合作，联手打击东南亚的恐怖势力。马来西亚政府也积极协助菲南反政府武装与菲律宾政府达成和解，多次从中斡旋并提供谈判地点。两国在战略地位重要的城市，即菲律宾南部的三宝颜及东马沙巴州首府亚庇互派军事协调官，以加强两国的情报交流，以便于两国在这些地方进行联合行动。近年来两国关系持续改善。

与新加坡的关系

在与东盟各国的交往中，菲律宾与新加坡的关系尤为密切，双方在重大国际问题上的共识很多，经济方面的合作也非常密切。菲律宾主要向新加坡出口糖、木材、椰油、铜等农、矿产品；新加坡主要向菲律宾出口石油化工、机械等工业产品。新加坡对菲律宾有许多投资，主要集中在造船业和食品加工业。

1978年，两国完成了海底电缆工程，同时签订航空协议。

菲新在反恐方面一直积极合作，两国已同意加强军队反恐合作以及通过使用现代技术，加强反恐情报共享。

新加坡是菲律宾的继日本和美国之后的第三大贸易伙伴，根据菲驻新大使馆统计，有超过9万名菲律宾人在新加坡侨居或当外劳。此外，新加坡也是菲律宾外劳前往其他亚洲国家、赴中东和欧洲的旅行中枢，但两国也常发生龃龉，双方贸易摩擦不断。

与越南的关系

菲律宾于1976年7月12日与越南建立外交关系。20世纪90年代以来，两国的友好合作关系不断发展，高层往来增多。菲律宾与越南的贸易额逐渐增加，在向越南投资的东盟国家中居第四位。在东盟各成员国中，菲律宾是越南移居人数最多的国家，菲律宾支持越南加入世界贸易组织。近年来，菲律宾与越南联手在南海问题上不断制造争端。

与东盟的关系

菲律宾重视发展同东盟其他国家的关系，将其列为菲律宾对外政策的优先考虑。

菲律宾是东盟的创始成员国之一，自东盟1967年成立以来，菲律宾一直比较活跃并积极参与、推动和促进东盟的发展和改革。为了维护自身和地区的安全，菲律宾致力于巩固和加强东盟内部的团结与合作，在菲律宾的倡议下，1976年东盟成立了东盟常设秘书处，负责处理东盟的日常工作，促进了东盟内部的协调与交流。菲律宾的总统和高级官员经常出访东盟其他成员国，共同协商，采取统一的对外步骤。

20世纪90年代以来，菲律宾对外决策越来越多地在东盟的框架下进行，积极参加东盟的各种会议，以及东盟实施的所有项目和工程，并保持与东盟各邻国以及中国的对话伙伴国的关系。菲律宾政府强调，对菲律宾来说地区安排显得更加重要，这一方面是由于地区经济一体化加速发展，另一方面也由于跨国问题增多并变得更加明显，许多问题只有通过地区合作才能取得明显效果，如科技、贸易、投资、金融、农业、环境、能源、交通、打击跨国犯罪、文化及旅游等方面都是地区合作的重点。更为重要的是，地区框架和机制安排使菲律宾能在各种国际场合更加清楚地表明自己的倡议和态度（菲驻华大使语），并由于东盟的支持而获利，如南中国海争端，菲律宾认为东盟可以为争端解决提供一个多边场合，并通过"共同的声音"使菲律宾得到支持从而增加谈判的筹码。东盟曾就南海问题发表了一系列文件，1992年发表了"南中国海宣言"，该文件确定了东盟对这一问题的基调：领土争端应通过和平方式解决，同时敦促领土要求各方探讨在该地区进行合作的可能性。菲律宾也利用东盟的现有机制继续与中国就南中国海行为准则问题进行磋商。

4　主要国际参与

1979年加入关贸总协定，1995年又成为世界贸易组织（WTO）的创始成员国。菲律宾是东南亚国家联盟（ASEAN）

主要成员国，也是亚洲太平洋经济合作组织（APEC）的24个成员国之一。2002年5月，菲律宾、印度尼西亚和马来西亚签署了旨在加强三国反恐合作的《情报交流与建立联系程序协议》。菲律宾是亚洲开发银行的积极支持者，也是创办亚洲基础设施投资银行的积极参与者。

特别提示

★ 菲律宾与邻国关系的焦点是领海争端。

★ 日本是中国在菲律宾的主要竞争对手，日本拟在未来五年为日资企业在东南亚进行基础设施建设提供强大融资支持。

菲律宾
PHILIPPINES

第三篇
经济状况

菲律宾
PHILIPPINES

一　能源资源

1　主要能源及分布

菲律宾地热资源丰富，具有良好的开发前景。菲律宾全国已探明石油储量为 1.68 亿吨，天然气为 3.841 万亿立方英尺，液化气为 1.09 亿桶。苏禄是石油开采前景最好的区域，初步估计该区域蕴藏着 2.03 亿吨石油等同物。巴拉望岛西北部海域有石油储量约 3.5 亿桶。煤和褐煤的沉积量很大，已证实储存量为 3.69 亿吨，其中 40% 分布在塞米拉拉（Semirara）岛上，潜在的储存量可能为 15.9 亿吨。

2　主要资源及分布

矿产资源

菲律宾的矿产资源种类繁多，储量巨大，目前已探明储量的矿藏中，就有 13 种金属矿和 29 种非金属矿，在世界矿产资源中占有重要地位。菲律宾的金属矿储量超过 71 亿吨，非金属矿储量为 510 亿吨，矿产资源总价值约 908 亿美元。金属矿产主要有铜、金、银、铁、铬、镍等。以单位面积矿产储量计算，菲律宾的金矿储量居世界第三位，曾是世界五大黄金出口国之一；铜矿储量居世界第四位；镍矿储量居世界第五位；铬矿储量居世界第六位。在达沃附近发现了世界上最大的镁矿。

铜矿资源储量为48亿吨，占金属矿总储量的67.6%。全国各地都有分布，主要铜矿产区在北吕宋的三描礼士、本格特、新比斯卡亚（Nueva Vizcaga）和棉兰老岛北端的苏里高地区。菲律宾南部的哥达巴托发现了世界级的铜－金矿，估计铜储量为1044.2万吨，金储量为227～369吨，总价值为100亿～200亿美元。

金矿是菲律宾最著名的矿产，主要以复合矿和冲积矿形式存在，储量1.36亿吨，以原生金矿为主。主要分布在吕宋岛的碧瑶、南甘马粦（Camaries South）省西北、米沙鄢群岛的马斯巴特（Masbate）北部和棉兰老岛北端的苏里高附近地区。碧瑶市附近的金矿黄金蕴藏量占全国的70%。

镍矿资源总储量约为10.9亿吨，占金属矿总储量的15.5%。其中已探明的储量为10.2亿吨，占镍矿总储量的93.57%。这些镍矿多为高镍含量的铁矾土，大部分处在浅土层，易于开采且成本低。镍矿分布集中的达沃和巴拉望，储量分别是4.757亿吨（占总储量的43.64%）和4.071亿吨（占总储量的37.34%）。其他有较大规模镍矿藏的省还有北苏里高和三描礼士。

铬矿资源约有2000万吨。菲律宾是世界上铬矿储量丰富的国家之一，最大的铬矿床在三描礼士省的山区，另外南甘马粦省和棉兰老岛北部也有分布。铬铁矿的规模大小不等，较大规模的铬铁矿储量在几百万吨，三描礼士省的铬铁矿据说是世界上已知的、储量最大的耐火级铬矿。

铝土资源也非常丰富，主要集中在东米沙鄢的萨马地区，估计地质储量为 2.42 亿吨，总价值 210 亿美元。

铁矿资源总储量约为 12 亿吨，最大的铁矿在苏里高附近。

非金属资源主要包括石灰石、大理石等。石灰石是菲律宾最大的非金属矿物，在各地均有发现，储量为 290 亿吨，占非金属矿储量的 57%。大理石储量为 85 亿吨，占非金属矿储量的 16.7%。硅矿藏位于北三宝颜省。

植物

菲律宾地处热带，雨量充足，土壤肥沃，非常有利于植物生长。全境森林总面积 1599 万公顷，覆盖率达 53%。尤其以棉兰老等地的森林面积最为广阔，提供了全国木材总量的四分之三。菲律宾树种有 2500 多种，主要有柚木、红木、桃花心木等，都是质地良好的硬木，也是大宗的输出商品。著名的纳拉树，是紫檀木的一种，被定为"国树"。它树冠高大，树干包裹着灰色柔软的树皮，可用来做家具和艺术雕刻，树干上渗出的猩红色液汁，可做染料和药材。

菲律宾盛产各种水果，在海拔 1000 米以下的地方，遍地都种植着芒果、番木瓜、榴莲、香蕉等果树，以及大量的椰子、橡胶和蕉麻树等经济树种，还遍布着郁郁葱葱的竹林。菲律宾的椰子产量占世界第一，香蕉在国际市场上非常畅销，在亚洲国家中输出最多，菠萝在世界上也颇有竞争力，成为菠萝盛产地夏威夷的强劲对手，蕉麻（也叫"马尼拉麻"）在国际市场上享有盛誉，是制作船用缆绳的优良原料，还可用于纺织、造纸等。

水产资源

菲律宾的水产资源十分丰富，其海、河、湖中的鱼类品种有名称的就达 2400 多种，较重要的海产品有金枪鱼、沙丁鱼、鲣鱼、虾鱼、鲷鱼、柔鱼、石斑鱼等。松鱼、鲳鱼、鲭鱼和乌贼产量较大。已开发的海水、淡水渔场面积为 2080 平方公里。巴拉望岛与苏禄岛沿海是著名的珍珠和海龟产地。大型海洋哺乳动物有 20 多种，包括海豚、蓝鲸和稀有的抹香鲸，还有身长 15 米以上、世界最大的鲸鲨。

1984 年，政府在阿波岛附近海域建立了海洋保护区。被破坏的珊瑚礁已得到有效保护。

农业资源

菲律宾的主要粮食作物是稻谷和玉米。椰子、甘蔗、蕉麻和烟草是菲律宾的四大经济作物。菲律宾沿海平原零星分布又狭窄，是甘蔗的主要产地之一。内陆谷地是最主要的农业区，吕宋岛北部的卡加延谷地总面积达 5000 平方公里，是亚洲最大的烟叶产区。中央平原低平肥沃，是菲律宾著名的"粮仓"，盛产稻米、甘蔗。卡加延谷地和中央平原构成了菲律宾的"两大经济地带"。棉兰老岛东北部的阿古桑谷地，地势平坦，土地肥沃，雨量均衡，是发展农业的宝地，在菲律宾经济中占有重要地位。

特别提示

★ 菲律宾政府鼓励外商投资开发其矿产资源，但采矿往往涉及当地复杂的利益关系，成本高、风险大，成功的外商并不多。

二　基础设施

1　重要交通枢纽

菲律宾的交通运输业分为陆上运输、水上运输和航空运输。陆上交通以公路运输为主，铁路不发达，均集中在吕宋岛。由于群岛地形使公路和铁路建设的难度加大，水运和空运成为岛屿之间主要的运输手段。水上交通承担了全国40%的货运和10%的客运任务。航空运输主要承担岛屿之间的客运，由国家航空公司经营，全国各主要岛屿间都有航班。

菲律宾交通基础设施不足，长年缺乏投资。菲律宾首都马尼拉是全国最大的交通枢纽和贸易港口。现代化的交通设施主要集中于马尼拉及其周边的经济发达地区。

公路

菲律宾陆上运输以公路为主。客运量占全国陆上运输总量的90%，货运量占全国陆上运输货运量的60%。菲律宾的公路总里程约为20万公里。其中三分之二是支线和乡村小路。只有21%的公路铺有混凝土和沥青。支线的路况大多比较糟糕，原因是修建不合乎标准、缺乏维护和车辆超载。用日本低息贷款修建的"泛菲公路"是菲律宾最长的公路，北起吕宋岛的拉奥市，南抵棉兰老岛的三宝颜市，全长1.3万公里。其他公路线大部分集中在吕宋岛，以马尼拉和黎牙实比为中心，基本形成一个环状公路网。棉兰老岛的公路分布在沿海和平原地区。米沙鄢群岛的公路基本分布在沿海低地。各岛的公路也基本呈环状分布，除干线外还有许多支线通向种植园、矿区。苏禄群岛仅在沿海地区有一些短距离的公路。菲律宾"国家级公路"中也只有63%是用混凝土和沥青铺成的。

菲律宾桥梁较多，是菲律宾交通的一大特色，由于地形原因，在某些地段，每隔500米就有一座桥梁。菲律宾共有桥梁7380座，总长262公里，但许多非常陈旧不能承受载重汽车。

铁路

菲律宾各岛距离较短，地势起伏不平，限制了铁路网的发展。铁路总里程2万公里，集中在吕宋岛，铁路网以马尼拉为中心，北达圣费尔南多，南到黎牙实比。干线长1200公里；其次为班乃岛，铁路长117公里；宿务岛和其他岛屿的铁路总长只有86公里。吕宋岛的另外四条铁路支线为：马尼拉—八打雁；马尼拉—甲描那端；打拉—圣约瑟；打拉—圣金延。吕宋岛的铁路主要由国营的国家铁路公司经营；班乃岛和宿务岛的铁路主要由私营的菲律宾铁路公司经营。铁路网还在逐渐扩展。另外，一个高质量的现代铁路系统正在从马尼拉延伸到整个大首都区。

水运

菲律宾航道总长达3219公里，并拥有众多的自然港。由于是海岛国家，海运和港口设施十分重要。目前全国有接近1500个运营港口、商船千余艘。但主要的对外贸易港口只有马尼拉、宿务、卡加延德奥罗、怡朗、三宝颜和达沃等六大港口，已发展成为现代港口和集装箱集散地。它们几乎承担着80%的公共港口交通。马尼拉港最大，年货物吞吐量约为1874万吨，约占全国进口商品的80%，出口商品的15%。其中马尼拉国际集装箱码头是亚洲效率最高的五大码头之一。第二大港宿务位于菲律宾中部，承担国内外的船运业务。这些港口可以停泊客运与货运船只，主要群岛间的客流量稳定。

菲律宾的海运分沿海航运（包括岛际航运）和远洋航运。沿海航运以轮船为主，岛际航运以木帆船和小轮船为主。岛屿之间的船只比较陈旧，安全系数较差，海上救援船只及导航用的灯塔数量也不能满足需要。沿海航运和岛际航运主要由国内航运公司经营。远洋航运在全国运输业中占有极重要的地位，进出口商品主要由外轮运载。

航空

菲律宾航空运输业比较发达，全国有机场288个，国内航线遍及40多个城市，全国各主要岛屿之间都有航班。国际航线较多，与30多个国家签有国际航运协定，大多数航线每天或一星期都有多个航班从马尼拉飞往亚洲各国以及美国、欧洲的主要城市。近年来，岛间船运与国内航空业的发展吸引了更多的参与者，从而产生市场竞争，带动改善了设施与服务。

主要机场有首都马尼拉的贝尼格诺·阿基诺机场、宿务的马克坦机场和达沃机场等。1941年成立的菲律宾航空公司是东南亚国家中历史最悠久的航空公司，1977年起由政府控制。菲航是政府指定的经营国际航线的航空公司，有班机飞往曼谷、吉隆坡、雅加达、新加坡、东京、卡拉奇、香港、北京、旧金山、悉尼、墨尔本、罗马、法兰克福、阿姆斯特丹等城市。

重要通信设施

菲律宾电信业有9家国际运营商、5家移动电话经营商、5家全国电话运营商及70家长途与本地电话运营商参与运作，它们大多是由本地资本家和拥有先进技术的外国合伙人或供应商共同建立的合资公司。菲律宾互联网非常发达。用户可通过手机高速上网，使用可视电话和其他互联网服务。

目前菲律宾的通信基础设施发展良好，共有6个可用平台：固定电话、固定线路、移动电话、有线电视、无线电视与广播以及卫星通信系统。因其手机用户频繁使用"短信息系统"（SMA）服务，频率远超过世界其他地区，菲律宾因而赢得了"无线冠军"的绰号。

特别提示

★ 菲律宾的基础建设相对发达国家，还有很大差距，铁路、公路的里程、容量还有很大提升空间。菲律宾在基础建设方面，一定程度上受政府腐败的影响，效率低下，决策缓慢，项目工期长，政策变化风险较高。

三 国民经济

菲律宾地理环境优越，拥有丰富的物力和人力资源，发展经济的条件良好。20世纪50～70年代，菲律宾是亚洲最富国之一，是新兴工业国家及世界的新兴市场之一。1982年被世界银行列为"中等收入国家"。进入21世纪，菲律宾将发展经济、消除贫困作为施政核心，加大对农业和基础设施建设的投入，扩大内需和出口，国际收支得到改善，经济保持平稳增长。2013年菲律宾的经济表现仍然出色，增长强劲，增速在东南亚地区名列前茅。近年来，菲律宾经济增长主要得益于其强劲的外劳汇款、服务业的高速发展和进出口贸易的快速增长。

1 国民经济核心指标

GDP 及其增长率

2014年上半年，菲律宾GDP为5.997万亿比索，约合1352亿美元，2012～2013年连续两年实现较高速增长，同比增长6.8%和7.2%。2014年第一、二季度GDP同比分别增长5.6%和6.4%。为东盟地区GDP增长率最高的国家，在亚洲仅次于中国。

失业率

2014年1月份为7.5%，4月份为7%，不充分就业率为18.2%。相当于1150万成年人失业。

通货膨胀率

2014年1~7月，平均通胀率为4.3%，高于2013年的3%。7、8月份通胀率均高达4.9%。

经济结构

在菲律宾的经济结构中，第三产业在国民经济中的地位突出，菲律宾农业、工业、服务业（旅游、服务外包）的比值为20∶33∶47。

2 财政收支

菲律宾的财政来源包括总收入以及捐款。其中总收入分为经常收入和资本收入。经常收入中的税收收入包括公司利润和资本所得税、社会保障缴款、工资税、财产税、货物和服务税、国际贸易税和其他税收。菲律宾财政支出分为经常性支出（包括利息支出）、资本性支出等。2014年，菲律宾财政收入增长11%，达到1.909万亿比索，但低于全年目标5%；支出则仅增长5%，为1.982万亿比索，低于全年支出目标13%

税收

菲律宾的财政状况长期不佳。在菲律宾的财政收入之中，税收占有很大的比重，高达80%以上。

税收在GDP中所占的比例偏低，菲律宾政府一直致力于各种税收改革。但直到现在，税收收入在菲律宾国内生产总值中所占的份额依然只有15%左右。

菲律宾的税收纷繁复杂，名目繁多，而且税负很重。由中央政府征收的税种包括关税、所得税、消费税、增值税、比例税、房产税、印花税等，此外地方政府也有权就某些特殊行为和商业行为征税。

根据菲律宾中央和地方的法律法规，新设立的企业和符合"投资优先计划"的企业可以享受各类税费减免，政府相关部门可简化办事手续，批准其雇佣外籍人士。投资棉兰老岛特色产业或参与其他欠发达地区基础设施建设，还可享受额外的税收优惠。此外，到菲律宾经济特区管理委员会（PEZA）下属的苏比克、卡加延、三宝颜等特区投资，根据企业性质与行业的不同，可享受各类特殊政策，优惠幅度较大。

外债

菲律宾政府长期面临财政赤字。菲律宾经常账户的大量资金需求是通过举借外债（包括从外国政府和私人借款及接受援助）来满足的。这些外债有多种用途：填补预算赤字、增加国家储备、偿还到期债款、降低外债成本。

菲律宾的外债主要是由中长期贷款构成的，这些贷款主要用于促进经济发展和改进政府治理。近几年来，外债占菲律宾国民生产总值的比例一直呈下降趋势。菲律宾中央银行报告显示，2014年底菲律宾外债余额为777亿美元，较2013年的785亿美元下降1%。外债余额与GDP的比率为27.3%，其中20.9%为短期债务，其余79.1%为一年以上的中长期债务。菲律宾政府充分利用低息且高流动性的国内市场，不断降低外债规模，2013年一季度政府外债降低了17亿美元，降幅为5%。

政府债券在二级市场的收益

2013年底,菲律宾政府内外债比为66∶34,外债占比与2012年持平。截至2014年3月,菲律宾政府内外债比为65∶35。

3　贸易状况

贸易对象

对外贸易在菲律宾国民经济中占十分重要的地位,独立后的大多数年份里菲律宾的对外贸易额都是不断增加的。目前,菲律宾与150个国家有贸易关系。

日本、美国、中国、新加坡和韩国是菲律宾前五大贸易伙伴,与上述五国的贸易额占该国进出口总额的54%。其中,美国和日本市场占菲律宾商品出口的近40%,而从日本、美国、韩国和新加坡的进口则占菲律宾商品进口额的近一半。

外贸结构

电子产品仍是菲律宾出口创汇的主力，占出口额的38.67%，随后是交通运输工具（8.07%）、建材（6.95%）、矿产（6.28%）和电力设备（5.48%）；进口的主要是电子产品（24.40%）、石油及其制品（18.80%）、交通运输工具（10.62%）、化学品（6.94%）和机械设备（6.03%）。

外贸法律法规

菲律宾是实行市场经济的国家，对国内工商业和对外贸易、国内投资和外国投资均实行统一的管理、执行统一的法律法规。WTO的有关规定和原则成为菲律宾在国际贸易竞争中保护本国利益和解决贸易争端的法律依据。菲律宾涉及对外贸易和利用外资的法律主要包括以下几类。

（1）公平贸易法律和法规。制定该类法律法规的主要目的是维护国内市场的公平竞争和保护本国消费者的合法权益，主要包括有关在菲律宾市场上销售的商品标识的规定（RA ACT 71）、有关从事零售业的规定（RA ACT 1180）、有关保护消费者权益的规定（RA ACT 7394）、有关稳定生活必需品价格的规定（RA ACT 7581）、有关推动外国投资商业的规定（RA ACT 7042）以及违反上述规定的处罚办法。另外，菲律宾政府最近又颁布了放宽外国企业在菲投资零售业的规定（RA ACT 8762）和广泛提高对产品的环保要求的法规（RA ACT 8749）。

（2）根据WTO原则和规则制定的有关贸易保护法规。制定该类法规的主要目的在于依据WTO的有关原则最大限度地保护本国工业和市场免受外国商品的冲击,其主要包括反倾销法(RA ACT 8752)、反补贴法(RA ACT 8751)和安全保障措施法(RA ACT 8800)。

4 投资状况

投资表现

菲律宾一直积极鼓励外商投资,从1993年进行投资领域自由便利化改革后,外国直接投资(FDI)发展速度不断增快,但是由于菲律宾国内政局持续动荡,社会治安和基础设施较差,外国投资与东盟其他国家相比较,仍处于较为低级的水平,流入该国的FDI十分有限。随着菲律宾政局好转,菲律宾近年来强劲的经济增长和稳定的前景再次吸引了投资者,证券投资增加,证券市场发展良好。在过去五年里,外商直接投资(FDI)增长了10倍。单笔投资额超过10亿美元的大型项目包括必和必拓在达沃的镍矿项目、韩进重工在苏比克的造船项目、住友金属矿业在苏里高的镍矿项目、德州仪器在克拉克的微芯片项目、斯特拉塔铜业公司在南科塔巴托的铜矿项目。据菲央行2014年5月公布的最新数据,2013年外国直接投资(FDI)流入累计达284亿美元,净投资达42亿美元。2014年1~4月外国投资累计达67.73亿美元,一季度热钱流出达18亿美元。

投资领域

外国直接投资最多的领域为制造业、银行业、基础设施和公共工程,这些也是菲律宾对外投资改革最快的领域。但是像矿产和农业这些在贸易和法律方面改革落后的领域，很少受到外国投资者的青睐。

投资环境

菲律宾整体营商环境改善的空间仍然较大，在世界银行发布的《2013年营商环境报告》统计的全球185个经济体中，菲律宾排名第138位，低于东亚及太平洋地区国家平均水平，尤其在税负及破产程序方面排名靠后。基础建设落后、治安欠佳、政局动荡、贪污及贫富悬殊等，向来是外商投资菲律宾的主要顾虑。

投资政策

菲律宾在投资方面的基本法是1987年的《综合投资法》，该法规定了菲律宾基本的投资政策。1991年通过的《外国投资法》及其后来的修正案，不断放宽投资者在菲律宾的投资限制，它涵盖所有的投资领域，但银行和其他金融机构的投资由菲律宾央行管制。涉及投资方面的法律还有《经济特区法》《有关推动外国投资商业的规定》等。

菲律宾对于外商投资的形式没有限制，但对投资项目和领域有严格的规定。菲律宾将所有的投资领域分为三类，即优先投资领域、限制投资领域和禁止投资领域。菲律宾投资署（BOI）每年都会公布一个旨在促进国内外投资的"投资优先计划"（IPP），列出鼓励投资的领域和可享受的优惠条件，引导国内外资金流向特定行业。在这些投资领域，外资可以享有100%的股权，并为那些高度优先项目提供广泛的优惠条件，包括减免所得税、免除进口设备及零部件的进口关税、免除进口码头税、免除出口税费等财政优惠,以及无限制使用托运设备、简化进出口通关程序等非财政优惠。最新发布的是"2014~2016投资优先计划",其主题是"以产业发展促进包容性增长"。该计划将7大类22个产业列为优先发展领域,包括汽车、化工、农机、废弃物处理、环保节能建筑、能源以及公私合营建设项目等。

与之相对应,政府每两年更新一次限制外资项目清单,部分领域完全禁止外国投资,绝大多数领域外资比例不得超过40%。目前使用的是2012年颁布的第9版限制外资项目清单,规定大众传媒、所有的专业性服务、海洋资源开发等领域禁止外资进入,外国企业和人士在土地获取、陆上自然资源开发、公共部门运营和管理等领域持股比例不得超过40%。同时,菲律宾宪法禁止外国人在菲律宾拥有土地,但后来的《投资者租赁法》规定外国人可以租赁土地50年。

菲律宾贸工部是负责投资政策实施和协调、促进投资便利化的主要职能部门,在贸工部下面设有投资署(BOI)和经济区署(PEZA),负责投资政策包括外资政策的实施和管理,前述"投资优先计划"就是由该署制订的。此外,菲律宾在苏比克、克拉克等地区设立了自由港区或经济特区,并在当地成立了相应的管理机构。

特别提示

★ 从硬件上说,菲律宾具有较大的潜力,家族政治势力控制菲律宾政治的同时,也培育了腐败滋生的土壤。当政者追求狭隘家族利益导致该国腐败横行,政府部门办事效率低下,法令难以实施,企业的生存和发展环境十分恶劣。尤其是外资企业,由于缺乏当地关系网,在同本土企业竞争时处于不利地位。它们更容易遭遇敲诈勒索,沦为"潜规则"的牺牲品。

四　产业发展

1　概述

菲律宾的工业不发达，钢铁、冶金、机器制造等重型工业很少，主要发展轻工业，生产能力和技术水平在世界上处于落后地位。工业项目主要有制造业、建筑业、采矿业、燃料和动力业等。制造业是菲律宾的工业支柱，主要经营制糖、椰油、卷烟、食品、锯木、造纸等初级产品加工工业以及纺织、水泥、成衣、制革、橡胶、医药、汽车装配和石油化工工业。大工业多为外资企业，如电子、汽车制造、石油化工、纺织及集成电路半导体等大型项目。目前菲律宾工业总产值占国民生产总值的31.6%，从业人口占全国就业人口的15.6%。制造业产值约占工矿业总产值的78.5%，建筑业约占17.5%，矿产业约占3%。

菲律宾整个工业部门的就业人员约468万人，占全国就业人数的14%，产值占GDP的30%。

制造业

制造业是最重要的生产部门，产值占GDP的25%左右。制造业主要集中在大马尼拉市，那里集中了小型工业企业的31%、中型企业的66%和大型企业的57%。其次为宿务地区、内格罗斯岛的巴哥洛地区、北兰老省的伊利甘市、棉兰老南部的达沃市等。

电子工业是20世纪70年代后才发展起来的新兴工业，其中计算机制造业发展很快，被政府列为90年代发展高科技的重要组成部分。菲律宾IT业发展迅猛，电子商务已被广泛接受，软件业成为菲律宾最重要的出口部门之一。许多国家的知名公司（包括甲骨文、微软）均在菲律宾投资，雇佣人员达到3万多人。菲律宾对外资进入IT产业有限制，如远程通信业，菲律宾必须占有股份60%，广播和主要媒体必须整体上由菲律宾拥有。

目前制造业已成为菲律宾经济的重要支柱之一。但菲律宾目前仍没有自己的重工业，没有较大规模的冶金工业和钢铁工业，国内发展生产需要的绝大部分机器设备均需要进口。化学、金属加工、机器制造等重工业很少。

矿业

菲律宾矿产资源丰富，种类繁多，在菲律宾的对外贸易中占据重要地位。矿藏开采主要由私人公司承担，但国内缺乏大规模的冶炼工业，大部分矿产供出口，主要输往美国和日本。

1995年制定新的矿业法鼓励外国公司通过资金和技术合作协议，参加矿产资源勘探和矿物加工处理。根据该法，在不少于5000万美元的投资中，外商的股份可以达到100%。该法还包含环境保护规定和保护当地社区权益的内容，被认为是东南亚最先进的法规之一。矿业法颁布以来，菲律宾矿业开发有所恢复，地质勘探也有新的进展。目前全国仍有大约四分之一的陆地面积没有被勘察。

菲律宾环境及自然资源部还宣布简化审批程序，缩短办理矿业勘探和开采许可证的期限。贸易与工业部宣布给予外资公司 6 ~ 8 年的免税期，免征以出口为主的外资公司 10% 的增值税，要求在开发矿业的同时加强环保，促进矿业的可持续发展。

能源业

菲律宾的能源业主要包括石油、煤炭和电力工业，此外地热、水力资源也有开发。但由于勘探开发能力有限，菲律宾的能源消费主要是石油。菲律宾国内石油自给能力很差，供应比较紧张，对国外的能源依赖程度较高，全国石油消费的 60% 以上依靠进口，并主要是从中东进口。石油是最大宗的进口商品。

地热发电作为商业性的大量开发始于 1979 年，其生产规模仅次于美国而居世界第二位，而且还有大规模的地热发电项目在建设中。但这些努力仍不能满足菲律宾全国生产和生活的需要，目前，石油进口仍是菲律宾财政的沉重负担。菲律宾政府采取了多方面的措施：鼓励开发本地的石油替代产品，号召利用资源丰富的椰子柴油。目前，椰子柴油用量在国内车辆用油总量中所占比例已达到 1% ~ 5%。菲律宾政府还大力提倡乙醇与汽油混合使用。菲律宾能源部还与澳大利亚、印度、美国等国的石油公司签订了 10 个勘探合同，同意它们与本国的石油公司共同勘探菲律宾沿海油气资源。

近年，由丹麦援建的东南亚最大风力发电站在菲律宾北部投入使用。西班牙也为菲律宾在其中部及南部地区开发利用太阳能资源贷款 2700 万美元，菲律宾政府也将为此拿出 5200 万美元的配套资金。

2 民族工业

农业人口占总人口的三分之二以上，有40%的劳动力以农业为生。菲律宾的工业以农、林产品的加工为主，另有一些纺织、水泥、汽车装配等工业，从业人口占总劳动人口的15.6%。

3 特色产业

菲律宾风光绮丽，物产丰富，民族众多，具有丰富的旅游资源，历史上受西班牙和美国数百年统治，留下众多历史遗迹，融合了东西方文化与风俗，极富异国情调。这些优良的自然条件和人文特点，使菲律宾成为亚洲著名的旅游胜地之一。而旅游业也成为菲律宾创汇的一个重要渠道，被称为"无烟工业"。

菲律宾政府于1973年专门成立旅游部，下设全国旅游业促进局，并在全国12个区设立了12个旅游办事处。1991年，菲律宾政府制定了《旅游主体计划》，使旅游业向开发旅游资源和生态环境保护并重的方向发展，同时积极吸引外商和私人部门向旅游业投资。菲律宾的旅游业解决了60万人的就业问题，每年创造约5000个工作机会，已成为菲律宾经济中的支柱产业。

菲律宾游客的两个重要来源是美国和日本，分别占20%和19%，其余来自新加坡、泰国、印尼、韩国、中国台湾、中国香港等亚洲国家和地区。由于开发投资关系，20世纪90年代中期中国台湾地区和韩国的旅游人数也大为增加，成为最活跃的增长人群。近年中国大陆到菲律宾旅游的人数不断增加，在菲律宾的外国客源市场中的排名迅速攀升，跻身于与美国、日本和韩国齐名的阵营。

近年来菲律宾政府积极采取措施，扩建海滨旅游项目；大搞生态旅游、会议旅游和探险旅游，注意突出旅游项目的民族风格；还通过对一些国家和地区开放落地签证、免签证，在一些国家增设旅游办事处等措施，促进旅游业发展。目前，菲律宾在全世界27个城市设立办事处。

但菲律宾旅游业仍面临一些问题：高级宾馆、酒店分布不均衡，主要集中在首都地区，限制了针对不同人群的多样化旅游业的发展；有些旅游区交通不便；国内治安差，阿布沙耶夫集团针对外国旅游者的绑架案件给菲律宾旅游业的发展带来了负面影响。

特别提示

★ 菲律宾劳动力素质在亚洲国家中名列前茅，普遍拥有较强的英语能力，但工资仅是北美或欧洲国家的很少一部分，从而形成了菲律宾不同于其他亚洲国家的竞争优势，吸引了大量西方公司把业务转移到菲律宾。

五 金融体系

1 金融体系

菲律宾的金融机构分为银行机构和非银行性的其他金融机构两大类。菲律宾银行系统按照其职能可分为中央银行、商业银行、储蓄银行、农业银行、政府专业银行、外国银行，以及地区银行的离岸业务单位和代办处等。菲律宾其他非银行性的金融机构主要有投资公司、贷款公司、证券经纪公司、当铺和保险公司五类。

菲律宾实行混业经营，金融机构体系复杂。全能和商业银行是菲律宾银行体系的核心，总资产约占银行业总资产的90%。截至2014年3月31日，菲律宾共有36家全能和商业银行，其中全能银行16家，商业银行20家；外资银行16家，本土银行20家。截至2014年3月份，菲律宾银行体系总资产达到9.105万亿比索（约折合2055亿美元），总贷款达到4.33万亿比索（约折合977亿美元），总存款达到6.95万亿比索（约折合1568亿美元）。菲律宾主要的全能和商业银行有首都银行、菲律宾金融银行、菲岛银行、中华银行和菲律宾国民银行。储蓄银行包括储蓄与抵押银行、股份银行、借款银行及私人开发银行。农业银行在全国有将近800家总行和1000家分支机构。政府专业银行主要有菲律宾开发银行、菲律宾土地银行、菲律宾阿玛纳伊斯兰投资银行等。外国和地区银行的离岸金融机构和代办处也在菲律宾金融业中占有一席之地。截至 2013 年末，16 家在菲外资银行的资产总额、贷款总额和存款总额（簿记在本地）分别占菲律宾银行体系的 10.78%、11.62% 和 8.69%，比 2012 年均有下降。花旗、汇丰和渣打银行分别占在菲外资银行资产总额的 28.1%、20.1%、7.8%，中国银行总资产占比仅为 1%。花旗、汇丰和渣打银行在菲分行的资本金分别为 1.75 亿美元、1.36 亿美元和 7700 万美元，ROE 分别为 10.51%、10% 和 37.45%，同比均有大幅增长。

金融机构分布

金融机构大多分布在大马尼拉市和附近的两个城市，这三个地区拥有 60% 的办事处，包括所有商业银行的总部。在大马尼拉市平均每个市（区）拥有 167 个金融机构办事处，而中吕宋只有 7.6 个，南棉兰老岛只有 4.2 个，东米沙鄢只有 1 个。

业界表现

菲律宾银行业近二三十年的表现一直欠佳。商业银行更乐意将资金投资于无风险、高回报的短期国库券，而不愿对商业企业贷款。在东盟国家中，菲律宾银行的存款率是最低的。国内储蓄只占国民生产总值的 20%，而邻国一般都超过 35%。

外资银行分支机构较少，吸引地区存款的能力有限，因此将主要精力放在与大公司打交道、外汇交易和贸易融资方面。它们通过引进新的金融产品，使菲律宾其他银行面临严峻的挑战。外劳汇款也成为它们竞争的一项主要业务。另外，其他产业的巨富投资银行业，以及农村银行的复兴也加剧了菲律宾银行业的竞争。1992 年成立的菲律宾股票交易委员会以及对证券和交易委员会的改革也降低了银行业的整体竞争实力。大型公司开始从股票市场或债券市场上进行长期融资，而不是向银行借取相对昂贵的贷款。

虽然菲律宾政府对银行业的管制总体上是不断放松的，但对菲律宾中央银行仍时不时加强管制力度，以降低银行倒闭的风险。菲律宾的银行业高度集中，尽管如此，与东南亚地区相比，菲律宾商业银行的规模并不大。

保险业

20世纪初，一名当地华人建立了菲律宾历史上第一家保险公司。之后，阿亚拉家族和其他家族也陆续建立了保险公司。不久这个行业就被菲美人寿保险公司以及其他三家著名的外国公司（包括加拿大太阳人寿保险公司）所垄断。菲美人寿保险公司与加拿大太阳人寿保险公司至今依然是菲律宾获利最多和销售额最多的两大公司。

1999年，在菲律宾500强公司中，14家保险公司榜上有名。其中4家最大的保险公司赢利50亿比索。所有保险公司都在马尼拉设立了总部，而且大部分的保险业务也在国内主要城镇展开。虽然人寿和非人寿保险公司也在乡村地区拓展业务，但为这些地区提供保险业务的主要是国营的菲律宾谷物保险公司，而且它只为生产粮食和玉米的20万农民提供服务。

根据菲律宾相关法律，保险公司必须拿出总投资额的25%购买公债。但是保险公司也和银行一样购买了大量短期国库券，而且也对股市进行投资，将其资金的15%用于对私人公司的长期借贷。政府服务保险体系（GSIS）和社会保障体系（SSS）

（Social Security System）的资金也购买了短期政府债券。这些公司成为政府最大的债权人。

2 汇率利率管理及相关货币政策

菲律宾央行

菲律宾中央银行负责对银行业进行监管，央行的职能为进行流动性管理，制定和实施旨在影响货币供应量的货币政策，根据国民经济的运行情况，适时进行政策的调整，以此来保证物价的稳定。同时，菲律宾央行还拥有宪法赋予的货币发行权，作为银行和非银行金融机构的监管者，是最后的贷款人。菲律宾央行通过公开市场操作（回购/逆回购、国债交易、外汇掉期）、接受定期存款（SDR 特别存款账户）、标准手段（贴现、银行贷款、预付款）、准备金率等政策工具对金融市场进行调节。

汇率政策

菲律宾为利率、汇率市场化国家，央行不限制银行存贷款利率，外汇也是自由兑换。央行特别存款账户利率为 2.0%，回购利率为 5.5%，逆回购利率为 3.5%，91 天国债利率为 1.44%，182 天国债利率为 1.696%，364 天国债利率为 1.972%。

货币政策目标

根据菲律宾共和国第 7653 法令，菲律宾货币政策的目标是"促进价格稳定以有利于经济的平衡与持续的增长"。菲律宾中央银行运用一系列货币政策工具，以促进价格稳定，并降低外部条件恶化对本国经济增长的影响。为了能够得到国际评级机构正面的信用评级,菲律宾政府一直执行紧缩的财政政策。

2013年菲律宾通货膨胀率为3%,尽管2014年4月通货膨胀率降低到4.1%,央行仍维持2015年控制目标区间2%~4%不变。

3 金融业法律法规及监管标准

在银行的管制方面,菲律宾政府的政策总体上是比较宽松的。在金融监管政策上,菲律宾央行非常强调对本国经济发展的保护。如对本币的监管指标中,本币比索存款的25%要投放到农业领域,10%要投放到小微企业。任何银行违反监管指标,都会遭到监管处罚。

菲律宾央行将设在菲律宾的外资银行分行均视为子行管理。要求"单一客户授信限额"(SBL)按照分行自身未受损资本的25%计算,在一定程度上限制了外资银行的信贷规模。在资本充足率方面,菲律宾央行巴塞尔新资本协议实施步伐甚至超过西方发达国家的水平。

4 关于开放当地金融业的相关政策

银行业曾经是限制外资进入的领域。从独立到1995年的40多年时间里,只有四家外国银行获准在菲律宾设立分支机构——从1951年起有花旗银行(美国)、美国银行(美国)、中国香港及上海银行有限公司（中国香港）以及渣打银行（中国香港）。

20世纪90年代以来，菲律宾政府已分步骤地取消了对外汇交易、开设新分支机构的限制，降低了法定准备金，并允许10家外资独资银行进入菲律宾市场，其他外国银行可以以大股东的身份在菲律宾建立新银行。

2000年通过的《总银行法》使外国银行能够自由进入国内市场，并将外资在银行中可以持有的表决权股比例提高到40%。该法还规定，在特定条件下，外国银行可拥有国内银行100%的股份。外资银行在菲律宾市场的参与程度也很高，从数量上看居亚洲新兴市场前列，已成为菲律宾银行体系的重要组成部分。2014年，菲律宾通过新法规，允许外国银行全资拥有当地银行，也取消了外国银行只能经营十家分行的规定，促使亚洲银行从业者对菲律宾的兴趣大增。

5　主权评级状况

外部评级

惠誉（Fitch Ratings）2013年3月将菲律宾长期外币和本币主权信用评级从"BB+"和"BBB-"分别上调至"BBB-"和"BBB"，评级前景均为稳定。这是菲律宾有史以来首次获得国际信用评级机构惠誉投资级别的信用评级上调。此次评级上调基于菲律宾国际收支状况良好，国际收支经常项目持续保持顺差。

2014年5月,标普提高菲律宾的外币长期主权评级至BBB,反映了该国较好的外部流动性、国际投资水平和良好的银行监管。

内部评级

2014年,中国银行对菲律宾的外币长期主权信用内部评级评定为BBB-(标普标尺),展望为稳定。

特别提示

★ 菲律宾的财政赤字水平是判断其经济基本面的关键指标。

菲律宾
PHILIPPINES

第四篇
双边关系

菲律宾
PHILIPPINES

中国同菲律宾于 1975 年 6 月 9 日建交。建交以来，中菲关系总体发展顺利，各领域合作不断拓展。两国外交部自 1991 年起建立磋商机制。中菲除互设大使馆外，中国在宿务设有总领馆，在拉瓦格开设领事馆。菲律宾在厦门、广州、上海、重庆、香港和澳门分别设有总领馆。

一 双边政治关系

1 双边政治关系的历史发展

中国与菲律宾是一衣带水、隔海相望的近邻，菲律宾最北端的岛屿亚米（Yami）距离中国台湾最南端的小岛鹅銮鼻仅 140 公里。两国人民交往的历史源远流长。东汉时期，中国人就已经知道经过台湾海峡通往菲律宾的航线。早在中国的唐朝（公元 7～9 世纪），中菲就有商贸往来。

1975 年 6 月 9 日菲律宾与中国建交，此后两国在政治、经贸、文化、科技等各个领域的合作不断发展，签署了贸易、文化、民用航空、科学技术合作、广播电视合作、新闻交换等多项协定。

但 20 世纪 90 年代中后期，中菲关系因南沙部分岛礁的主权争端蒙上阴影。菲律宾长期声称对我南沙群岛的一些岛屿拥有主权，并采取各种手法占领岛礁，在有争议的地区勘探和开采石油。菲律宾对中国的经济实力发展、军事力量增强感到担忧，害怕中国有能力后使用武力收回菲律宾及其他东盟国家侵占的一些南海岛屿，并试图联合越南、马来西亚等国共同对付中国，大肆炒作南沙问题，试图使南沙问题国际化，造成地区局势紧张。近年中菲在南海的石油联合勘探工作取得进展，但菲律宾继续在南海开采石油，开发范围已经侵入中国的传统海疆线内，并不断向西拓展。菲律宾一些媒体继续渲染中国"入侵"南海有争议地区。

2 双边政治关系中的热点问题及重大事件

领土之争

菲律宾政府认为南海争端是由中国基于九段线而提出的主权声索造成的；认为中国的主权声索是自我膨胀过度且完全违反国际法的，特别是违反了联合国海洋法；认为中国具有压倒性优势的海军和海事力量的持续存在，加剧了地区局势紧张；主张通过法律途径来解决争端。

2013年1月菲律宾启动了中菲南海争端仲裁程序，但中国拒绝了菲律宾关于参与仲裁的邀请。仲裁法庭通过了议事规则，并决定由海牙仲裁法庭受理此案，要求菲律宾在2014年3月30日前提交证据，不过中国再一次拒绝参与。除了忙着在国际法庭同中国打官司，菲律宾还全力催促东盟，要求早日达成实质性的且具有法律约束力的《南海行为准则》。

重大事件

2000年，双方签署了《中华人民共和国政府和菲律宾共和国政府关于二十一世纪双边合作框架的联合声明》，确定在睦邻合作、互信互利的基础上建立长期稳定的关系。2005年胡锦涛主席对菲律宾进行国事访问，两国领导人确认建立致力于和平与发展的战略性合作关系。2007年1月，温家宝总理对菲律宾进行正式访问，双方发表了联合声明，愿共同全面深化中菲致力于和平与发展的战略性合作关系。2014年11月，阿基诺总统应邀来华出席亚太经合组织（APEC）第二十二次领导人非正式会议，其间习近平主席同其简短会面。

特别提示

★ 菲律宾的对华基本政策仍是"大国平衡"政策。在中国与美国和日本之间寻找平衡。目前，菲律宾联合美日对抗中国，中菲两国外交形势不容乐观。

二 双边经济关系

1 双边经贸关系的历史发展情况、比重、排名等

双边贸易

建交后,中菲经贸合作发展较快。据中国海关统计,1975年两国建交时双边贸易额仅有7200万美元,中菲双边贸易一直稳步发展,尤其是自2000年以来,双边贸易以年均35%的增速快速发展。2013年,双边贸易额更是再创历史新高,达380.7亿美元,同比增长4.6%,其中中国出口198.4亿美元,增长18.6%,进口182.3亿美元,下降7.2%。目前,中国为菲律宾第三大贸易伙伴,菲律宾为中国在东盟的第六大贸易伙伴。

中菲贸易结构在过去几年也发生了较大的变化。中国对菲律宾出口消费类工业品和食品逐渐增多;而菲律宾则由工业品取代资源产品,占据对中国出口的主要份额。目前,中国对菲律宾出口的主要商品是集成电路及微电子组件、纺织品及服装、煤、钢材、鞋类、自动数据处理设备及其部件;从菲律宾进口的商品主要是集成电路及微电子组件、自动数据处理设备及其部件、未锻造的铜及铜材、香蕉、成品油等。

双边经济合作

近年来,中菲经济合作有长足的发展。1992年两国正式签署了《相互鼓励和保护投资的协定》。1993年又签署了《经济技术合作协定》。1999年两国财长签署了《避免双重征税的协

定》。同年两国农业部长签署了两国政府间《关于加强农业及有关领域合作协定》。2004年，两国签署《渔业合作谅解备忘录》。2005年，中菲两国政府在马尼拉签署《关于促进贸易和投资合作的谅解备忘录》。2006年，中菲签署《关于建立中菲经济合作伙伴关系的谅解备忘录》。2007年，中菲签署《关于扩大和深化双边经济贸易合作的框架协定》。2011年两国经贸部门签署《经贸合作五年发展规划》。

人民币业务

随着人民币在东盟国家影响力的进一步扩大，以及人民币国际化进程的加速，菲律宾央行（BSP）和工商企业界越来越看好人民币。中菲两国之间的贸易、投资以及旅游等方面使用人民币的空间得到了历史性的拓宽。根据菲律宾央行公布的数据，人民币是菲律宾金融市场上第三大结算外币，仅次于美元和日元。人民币业务将成为菲律宾金融业的一个重要的发展机会。

2 双边经贸关系中的企业

中国企业主要投资于农业、建筑、贸易、冶金、纺织、机电加工等领域。中国在菲律宾开展的承包工程也继续保持发展势头。

截至2014年6月底，中国企业对菲律宾累计非金融类直接投资4.25亿美元，其中2014年1～6月新增非金融类直接投资2463万美元，同比增长84.6%；在菲律宾共签订承包工程合同额115亿美元，完成营业额84.6亿美元，其中2014年

1～6月新签合同额10.7亿美元,增长126%,完成营业额3.6亿美元,增长0.2%。同一时期,菲律宾累计对华实际投资额为31.5亿美元,其中2014年1～6月新增实际投资5345万美元,增长43.8%。

当地主要中资企业

境内投资主体	境外投资企业（机构）	归属	经营范围
中工国际工程股份有限公司	中工国际工程股份有限公司菲律宾分公司	中央企业	开拓菲律宾工程承包市场,执行当地工程项目
中国葛洲坝集团股份有限公司	中国葛洲坝集团股份有限公司菲律宾分公司	中央企业	开拓市场,管理在建项目
中煤地质工程总公司	菲律宾ZMD资源开发公司	中央企业	地质勘查,化验分析测试及相关技术服务
中国中钢股份有限公司	中钢菲律宾汇洋矿业有限公司	中央企业	在菲律宾境内从事与镍、铬矿及其他矿产资源开发有关的勘探、开采、基础设施建设、产品销售等商业活动
中国冶金地质总局二局	中冶建明资源勘探有限公司	中央企业	矿产资源勘查与开发
武汉烽火国际技术有限责任公司	武汉烽火国际技术（菲律宾）有限责任公司	中央企业	光纤通信、数据通信、无线通信和相关通信技术、信息科学技术销售；系统集成及产品销售；相关工程设计、施工；相关产品和技术的进出口业务
上海贝尔股份有限公司	阿尔卡特朗讯菲律宾有限公司	中央企业	提供与安装和调试电信设备有关的服务及任何其他相关活动,包括但不限于提供相关电信设备等
中冶海外工程有限公司	中国冶金科工集团有限公司菲律宾办事处	中央企业	代表母公司从事工程承包、工程咨询及管理,资源开发及服务,房地产开发及服务以及贸易业务,管理并协调当地的项目和人员

续表

境内投资主体	境外投资企业（机构）	归属	经营范围
中铁联合建设工程投资管理有限公司	中铁联合建设工程投资管理有限公司菲律宾分公司	北京市	矿产品开发筹备及有关信息收集
中国机械设备工程股份有限公司	中国机械设备工程股份有限公司菲律宾代表处	中央企业	为CMEC在菲律宾的业务提供服务，开发菲律宾市场

详细中资企业名录请参见：

中国商务部"中国对外投资和经济合作"网站⇨"境外企业（机构）"，相关网址为：http://wszw.hzs.mofcom.gov.cn/fecp/fem/corp/fem_cert_stat_view_list.jsp

3 当地华人商会及华人社团

华人概况

华人是菲律宾的非南岛语系的民族中人数最多的，现有125万人（有的说接近200万），占菲律宾总人口的2%左右。其中菲籍华人110万人，华侨15万人，主要来自中国的福建（约占80%）、广东（约占15%）两省。现在已经加入菲律宾国籍的占华人总数的90%。华人与菲律宾原住民融洽相处，菲华通婚十分普遍。现在的华人中绝大部分是土生土长的华裔，其中有相当一部分是菲华混血的后裔。现在华人分布在菲律宾各个岛屿的商业中心，多数集中在大马尼拉（50万人）、宿务

（18万人）、达沃（9万人）等城市，八打雁、三宝颜、怡朗等城市各在1万人以上。

华人在菲律宾百年来的经济发展史上，一直扮演着先锋角色，活跃在商业、制造业、房地产业、金融业等各领域中。据统计，在全菲500家最大的公司中，华商约占三分之一，并在纺织及成衣、漂染、钢铁、五金、制糖、塑料、木材加工、建筑材料、百货及金融等行业占据优势。

政府对华人政策

但在20世纪40年代至60年代初，菲律宾当局多次掀起排华浪潮，政府通过了一系列旨在剥夺华人经营商业权利的法令，同时完全禁止中国移民入境，严格限制华侨加入菲律宾国籍，限制华侨进入自由职业领域的许多行业。从60年代后期起，菲律宾政府开始采取吸收华侨加入经济建设的政策。1975年以后，菲律宾政府对华侨采取的基本是同化政策，鼓励华侨加入菲律宾国籍。从1976年开始，菲律宾政府把实行华文教育纳入菲律宾国民教育轨道，实行菲化华侨学校政策，鼓励华人参政等，都取得很大成功，使华人在政治、经济、文化等诸多方面基本融入了主流社会，成为菲律宾的一个具有重要影响的少数民族。1986年的《菲律宾共和国宪法》承认华人的现有菲律宾国籍，允许未入籍者申请加入。

华人企业

华人经营的商业占全国的40%以上，商店超过2万家，从进口到批发零售，形成系统。大体分为两类，一类经营市场和商业公司，另一类经营小食品店、小杂货店等。华商经营的餐馆有3000多家，在大城市极受欢迎，生意兴隆。

华资企业在电子电器、钢铁、化工、汽车装配等新兴行业的投资迅速增加，出现不少大中型企业，如庄清泉经营的"阿波罗钢铁厂"，总资产达到 1.5 亿比索，是菲律宾最大的钢铁厂之一。华人开办的银行有 10 多家，主要有郑少坚的首都银行、杨应琳的中华银行、陈永栽的联盟银行、李大军的中兴银行、吴宇宙的建南银行、施至成的金融银行、施嘉骅家族的菲律宾银行、李永年的第一银行、吴天恩的东西银行等，其中以中兴银行、建南银行、交通银行最为有名。华人在旅游、房地产方面的投资也相当活跃，华人创办的房地产公司有 500 多家，许多华商投资兴建各种基础设施和旅游设施项目。目前，在马尼拉和其他许多城市中，有许多写字楼、酒店、商场都是华人投资和经营的。如郑少坚拥有 5 家房地产公司，兴建了 10 多座豪华的大厦，并发展高档住宅区。吴奕辉成立的罗宾逊置地公司，成为菲律宾四大上市地产公司之一，在宿务开设大型商场。目前，菲律宾已涌现出一批具有规模的华人企业集团，这些华人集团的经营日益向现代化、多元化和跨国化方向发展，成为菲律宾经济中的重要组成部分。

华人社团

菲律宾有华人社团数千个，包括各商会、退伍军人组织（由二战时的华侨抗日游击队组成）、青年团体、防火会、童子军理事会、宗亲会、同乡会、国术会、妇女会、文艺团体、体育团体、康乐团体、结义社和狮子会等。菲律宾华商联合总会（商总）是全菲华人团体之中最大、最具有规模、最有代表性的商业团体，有雄厚的人力和财力，会员遍布全国，是各地区的工商业团体的组合。其宗旨是协助全菲华人中各中小企业的商人,维护华裔族群的权益,推动菲中民族的友好关系。商总在资讯、经济贸易、教育、治安、医药、救灾等事业上做出了很大贡献,是菲律宾华人公认的最高领导机构。此外还有许多大大小小的华侨团体。慈善机构的代表是华侨善举总会,它旗下拥有崇仁医院、华侨义山、养老院、免费医疗院、护士学校等,规模非常大。民间文化团体以菲律宾各宗亲会联合会(宗联)为代表,其属下有38个宗亲会,包括100多个姓氏。

华人媒体

菲律宾华人的新闻、文艺事业也非常发达,规模相当大。华文报纸如《商报》《世界日报》《联合日报》《菲华时报》《环球日报》等,均属大型华报。华语广播社如"正义之声""启声广播社"等,也拥有很多听众,另外还有音乐团体、票房、剧社组织。

华人富豪

近年来每年均有菲律宾华商登上福布斯亿万富豪榜,2006~2010年连续5年均有2名华商上榜,而近3年来上榜人数逐年递增,到2013年上榜华商达到7名。更可圈可点的是,近3年来华商上榜财富在飞速增加,与东南亚其他国家的差距不断缩小。2011年3名上榜的菲律宾华商富豪的财富对该国GDP的贡献高达4.58%。

华人参政

到了21世纪,更多较"纯正"的华人开始从政。2006年大选后,14名参议员中3人属华裔,200名众议员中8名属华裔，71名省长中有3名华裔，1577名市长中有102名华裔。在华人选民最多的马尼拉市第三区，参加竞选该区6席市议员的华裔候选人多达11位，4人当选。2011年菲律宾华商联合总会提供的资料显示，菲律宾政府各部、委、署、局的部级任命官员中，15人是华人；在国会议员中，有26人是华人血统，占国会议员比例超过12%；在各省、市、社长及其副手中，有274名官员是华人。

华人商会组织

菲华商联总会

创建于1954年的菲华商联总会（Federation of Filipino-Chinese Chambers of Commerce and Industry, Inc.）是菲律宾华侨华人工商界最具影响的商会组织，为非营利的股份有限公司性质。原称菲律宾华商联合总会，1956年改称菲华商联总会，简称商总。商总成立以来，不仅为菲律宾华人提供了许多帮助，而且也对菲经济发展起到极大的促进作用。商总理事会下设外交、工商、财务、经济、组织、联络、福利、调解、青年、大厦管理、农资、新闻等委员会及秘书处。会员分为团体会员与非团体会员两种。团体会员由菲律宾各地的华人商会、同业公会及其他商业团体组成。目前有会员商会161家。非团体会员包括各类华人创办的企业。

菲华各界联合会

成立于1977年，目前有团体会员108个，是菲律宾最具影响力的友好侨团之一。其宗旨是联合友好团体，促进中菲友谊。多年来该会团结菲华各团体，争取旅菲华侨合法权益，支持和配合中国驻菲使馆工作。

菲律宾中国商会

成立于2007年，目前拥有1万多名会员，与传统的华人社团相比，菲律宾中国商会最大的特点就是以凝聚"新侨"为特色。会员们取得菲律宾的永久居留权后，大都依然保留着中国国籍。其宗旨是带领新移民融入主流社会，并为他们创造良好的社会环境。

特别提示

★ 中菲两国政冷经热，存在一定政治风险。

★ 菲律宾伊斯兰极端势力、当地武装势力将中国公民和中资企业作为绑架勒索的目标，主要以获得经济利益为目标。

菲律宾
PHILIPPINES

附 录

菲律宾
PHILIPPINES

附录一 世界银行·营商环境指数

为评估各国企业营商环境，世界银行通过对全球国家和地区的调查研究，对构成各国的企业营商环境的十组指标进行了逐项评级，得出综合排名。营商环境指数排名越高或越靠前，表明在该国从事企业经营活动条件越宽松。相反，指数排名越低或越靠后，则表明在该国从事企业经营活动越困难。

菲律宾营商环境排名

菲律宾	
所处地区	东亚及太平洋地区
收入类别	中低收入
人均国民收入总值（美元）	3440

营商环境 2016 年排名：103，与上一年相比，后退 6 名

菲律宾营商环境概况

下图同时展示了菲律宾各分项指标与"世界领先水平"的距离，"世界领先水平"反映了《2016 年全球营商环境报告》所包含的所有经济体在每个指标方面（自该指标被纳入《营商环境报告》起）表现出的最佳水平。每个经济体与领先水平的距离以从 0 到 100 的数字表示，其中 0 表示最差表现，100 表示领先水平。

	菲律宾	东亚及太平洋地区	经合组织
开办企业			
2016 与世界领先水平的距离（百分点）：68.56			
程序（个）	16.0	7.0	4.7
时间（天）	29.0	25.9	8.3
成本（占人均国民收入的百分比）	16.1	23.0	3.2
实缴资本下限（占人均国民收入的百分比）	3.3	9.8	9.6
办理施工许可证			
2016 与世界领先水平的距离（百分点）：67.71			
程序（个）	24.0	14.7	12.4
时间（天）	98.0	134.6	152.1
成本（占人均国民收入的百分比）	1.1	1.8	1.7
建筑质量控制指标 (0～15)	11.0	8.6	11.4
获得电力			
2016 与世界领先水平的距离（百分点）：86.89			
程序（个）	4.0	4.7	4.8
时间（天）	42.0	74.1	77.7
成本（占人均国民收入的百分比）	28.7	818.8	65.1
供电可靠性和电费指数透明度 (0～8)	6.0	3.6	7.2
登记财产			
2016 与世界领先水平的距离（百分点）：57.53			
程序（个）	9.0	5.3	4.7

续表

	菲律宾	东亚及太平洋地区	经合组织
时间（天）	35.0	74.2	21.8
成本（占财产价值的百分比）	4.3	4.4	4.2
土地管理系统的质量指数（0~30）	12.5	13.0	22.7
获得信贷			
2016与世界领先水平的距离（百分点）：40.00			
合法权利指数（0~12）	3.0	6.2	6.0
信用信息指数（0~8）	5.0	3.9	6.5
私营调查机构覆盖范围（占成年人的百分比）	0.0	14.0	11.9
公共注册处覆盖范围（占成年人的百分比）	14.0	21.9	66.7
保护少数投资者			
2016与世界领先水平的距离（百分点）：38.33			
少数投资者保护力度指数（0~10）	3.8	5.0	6.4
纠纷调解指数（0~10）	4.0	5.5	6.3
披露指数	2.0	5.5	6.4
董事责任指数	3.0	4.7	5.4
股东诉讼便利度指数（0~10）	7.0	6.4	7.2
股东治理指数（0~10）	3.7	4.6	6.4
股东权利指数（0~10.5）	1.0	5.3	7.3
所有权和管理控制指数（0~10）	4.0	4.2	5.6
公司透明度指数（0~10）	6.0	4.2	6.4

续表

	菲律宾	东亚及太平洋地区	经合组织
纳税			
2016 与世界领先水平的距离（百分点）：66.23			
纳税（次）	36.0	25.3	11.1
时间（小时）	193.0	201.4	176.6
应税总额（占利润的百分比）	42.9	33.5	41.2
利润税（占利润的百分比）	20.3	16.7	14.9
劳动税及缴付（占利润的百分比）	8.7	9.0	24.1
其他税（占利润的百分比）	13.9	6.5	1.7
跨境贸易			
2016 与世界领先水平的距离（百分点）：69.39			
出口耗时：边界合规（小时）	42.0	51.0	15.0
出口所耗费用：边界合规（美元）	456.0	396.0	160.0
出口耗时：单证合规（小时）	72.0	75.0	5.0
出口所耗费用：单证合规（美元）	53.0	167.0	36.0
进口耗时：边界合规（小时）	72.0	59.0	9.0
进口所耗费用：边界合规（美元）	580.0	421.0	123.0
进口耗时：单证合规（小时）	96.0	70.0	4.0
进口所耗费用：单证合规（美元）	50.0	148.0	25.0
执行合同			
2016 与世界领先水平的距离（百分点）：49.24			
时间（天）	842.0	553.8	538.3
成本（占标的额的百分比）	31.0	48.8	21.1
司法程序质量指数（0～18）	7.5	7.6	11.0

续表

程序	菲律宾 指标	东亚及太平洋地区	经合组织
时间（天）	842.0		
备案与立案	58.0		
判决与执行	580.0		
合同强制执行	204.0		
成本（占标的额的百分比）	31.0		
律师费（占标的物价值的百分比）	20.0		
诉讼费（占标的物价值的百分比）	6.0		
强制执行合同费用（占标的物价值的百分比）	5.0		
司法程序质量指数（0~18）	7.5		
办理破产			
2016与世界领先水平的距离（百分点）：56.81			
回收率（每美元美分数）	21.4	32.5	72.3
时间（年）	2.7	2.7	1.7
成本（占资产价值的百分比）	32.0	21.8	9.0
结果（0为零散销售，1为持续经营）	0	0	1
破产框架力度指数（0~16）	14.5	6.8	12.1
启动程序指数（0~3）	3.0	2.2	2.8
管理债务人资产指数（0~6）	5.5	3.1	5.3
重整程序指数（0~3）	3.0	0.8	1.7
债权人参与指数（0~4）	3.0	1.4	2.2

资料来源：世界银行《2016年全球营商环境报告》。

附录二　其他领事馆信息

中国驻宿务总领事馆
(Consulate-General of the People's Republic of China in Cebu)

地　　　址：5th Floor, Unit 5C, Cebu IT Tower, Corner Archbishop Reyes Street and Mindanao Street, Cebu Business Park, Cebu City
领事保护电话：0063-32-5051037
邮　　　箱：consulate_cebu@mfa.gov.cn
网　　　址：http://cebu.china-consulate.org/chn/

中国驻拉瓦格领事馆
(Consulate of the People's Republic of China in Laoag)

地　　　址：No.216 National Highway, Brgy 1, San Francisco, San Nicolas, Ilocos Norte 2901, Philippines
领事保护电话：0063-77-6706601，6706355
邮　　　箱：consulate_laoag@mfa.gov.cn
网　　　址：http://laoag.china-consulate.org/chn/default.htm

跋

"丝绸之路经济带"和"21世纪海上丝绸之路"战略构想为沿线国家的经贸往来和文化融合带来千载难逢的机遇。作为中国唯一连续经营百年以上、机构网络遍及海内外40多个国家和地区的大型商业银行,中国银行在国际化经营水平、环球融资能力、跨境人民币业务等方面具有独特优势。随着国家"一带一路"战略梦想一步步走进现实,中国银行正励精图治,努力成为实现这个伟大梦想的金融大动脉。

"国之交在于民相亲,民相亲在于心相交。""一带一路"战略布局涉及区域广阔,业务广泛。它不仅是一条经济交通之路,更是一条民心交融之路,其建设发展在很大程度上取决于文化的影响力和穿透力。《文化中行——"一带一路"国别文化手册》的付梓,恰逢我行整合海内外资源、布局全球一体化协同发展的关键时期。《手册》以研究海外机构特点和服务对象需求为出发点,致力于解决文化冲突、促进文化融合,力求为海外机构提供既符合中国银行价值理念,又符合驻在国实际的文化指引。

《手册》在前期充分调研的基础上,与社会科学文献出版社共同编辑出版。《手册》紧紧围绕业务需求，深耕专业领域，创新工作思路，填补了我行海外文化建设领域的空白。这是中国银行在大踏步国际化背景下，抓紧建设开放包容、具有强大影响力的企业文化的需要，是发挥文化"软实力"、保持集团可持续发展的需要，更是投身国家重大战略部署、担当社会责任的需要。

社科文献出版社是我国社会科学研究领域的权威出版机构，在人文社会科学著作出版方面享有盛誉。在编纂过程中，特别邀请了外交部、商务部专家重点审读相关章节。针对重点领域的工作需要，设置了"特别提示"和"扩展阅读"，为"一带一路"发展战略提供了较为丰富的实例和参考。

文化的力量是无穷的。希望《文化中行——"一带一路"国别文化手册》行之弥远、传之弥久，以文化的力量推动"一带一路"金融大动脉建设，为实现"担当社会责任，做最好的银行"的战略目标添砖加瓦。

2015 年 12 月

后 记

《文化中行——"一带一路"国别文化手册》是中国银行在全力服从国家"一带一路"战略,依托百年发展优势,布局全球、协同发展的大背景下编撰的国别类文化手册。由中国银行企业文化部牵头,在办公室、财务管理部、总务部、集中采购中心的大力支持下,在社会科学文献出版社经管分社团队的共同努力下编辑出版。

手册在编辑过程中广泛征求了各海外分支机构的意见,得到了雅加达分行、马来西亚中国银行、马尼拉分行、新加坡分行、曼谷子行、胡志明市分行、万象分行、金边分行、哈萨克中国银行、伊斯坦布尔代表处、巴林代表处、迪拜分行、阿布扎比分行、匈牙利中国银行、卢森堡有限公司波兰分行、俄罗斯中国银行、乌兰巴托代表处、秘鲁代表处、仰光代表处、孟买筹备组、墨西哥筹备组、维也纳分行、摩洛哥筹备组、智利筹备组、毛里求斯筹备组、布拉格分行的大力支持,在此一并表示感谢。

编写组在编纂过程中参考了不同渠道的相关资料,主要包括外交部国家(地区)资料库,商务部"对外投资合作国别

（地区）指南2014版"，社会科学文献出版社"列国志"大型数据库，以及中国银行海外分支机构提供的相关资料。

本手册系定期更新，欢迎各界提供最鲜活的资料，使手册更具权威性和客观性。

图书在版编目(CIP)数据

菲律宾/中国银行股份有限公司,社会科学文献出版社编.
—北京:社会科学文献出版社,2016.1
(文化中行:"一带一路"国别文化手册)
ISBN 978-7-5097-8421-1

Ⅰ.①菲… Ⅱ.①中… ②社… Ⅲ.①菲律宾-概况
Ⅳ.①K934.1

中国版本图书馆CIP数据核字(2015)第277192号

文化中行:"一带一路"国别文化手册
菲律宾

编　　者 /	中国银行股份有限公司
	社会科学文献出版社
出 版 人 /	谢寿光
项目统筹 /	恽　薇　王婧怡
责任编辑 /	许秀江　王婧怡
出　　版 /	社会科学文献出版社·经济与管理出版分社(010)59367226
	地址:北京市北三环中路甲29号院华龙大厦　邮编:100029
	网址:www.ssap.com.cn
发　　行 /	市场营销中心(010)59367081　59367090
	读者服务中心(010)59367028
印　　装 /	北京盛通印刷股份有限公司
规　　格 /	开　本:889mm×1194mm　1/32
	印　张:3.75　字　数:78千字
版　　次 /	2016年1月第1版　2016年1月第1次印刷
书　　号 /	ISBN 978-7-5097-8421-1
定　　价 /	48.00元

本书如有破损、缺页、装订错误,请与本社读者服务中心联系更换

▲ 版权所有 翻印必究